はじめに

　高校を卒業してプロ野球の世界へ入り、今年で18年目になります。特にバッティングに関しては良いときも悪いときもあり、シーズンを追うごとに難しさや奥深さを感じてきました。ただ、そんな中でも僕がここまでプレーできているのは、変化を恐れずに挑戦し続けてきたからだと思っています。

　振り返れば、高校時代は左右どちらの方向にもホームランを打つことができたりしていたのが、プロ入り後はなかなか逆方向へ強い打球が飛ばせなくなり、それでも最初のうちは「強い打球を飛ばして何とか結果を出そう」と必死にレフトへ引っ張りまくっていました。しかし、自分の考えだけに固執してやっていたら、どこかで必ず限界が来ます。僕はその壁に当たったとき、いろいろな人に意見を聞いて客観的に自分を捉え、素直に受け入れるようにしました。そして「今の自分」には何が合うのかを追求し、感覚をシフトチェンジ。そこから実際に結果が伴うようにもなっていきましたし、変化を恐れずにいろいろなことをどんどんやって自分に合うものを探すという作業は、すごく大事だなと実感しています。

　ただ一方で、基礎をしっかり身に付けておくことも重要だと思っています。僕がよく野球教室などで子どもたちに伝えているのは、バットを強く振ることの大切さ。プロの世界でも結局、周りにいるのはスイングが強い選手ばかりですし、打者にとってはやはり「強く振れる」という能力を伸ばすことが一番大事だと感じています。だから特に小・中学生くらいのうちは、まずはあまり形にとらわれず、とにかく強く振って「どうすれば遠くへ飛ばせるのか」「どうすれば強い打球が打てるのか」と考えていく。そうやって意識していれば自然と強いスイングが身に付いていきますし、それを土台にして高校生くらいから細かい技術を吸収していけば十分なんじゃないかなと。今はいろいろなところから情報を得られる時代ですが、小さいうちはそこに頼りすぎず、まずは「強く振る」ということにも目を向けてほしいですね。

　と、僕なりの考えを少しお話ししましたが、この本ではそんな「バッティング」の技術や考え方をテーマとして、僕が今まで取り組んできたことや意識してきたことを紹介しています。もちろん、僕の考えが必ずしも正解というわけではなく、この本の情報だけに偏ってほしくはありません。ただ、僕の感覚が少しでも多くの人に伝わればいいなと思っています。そして、ほんの一部でもみなさんの参考になるのであれば嬉しいです。

坂本勇人

坂本勇人の
バッティングバイブル

CONTENTS

はじめに 002

目次 004

CHAPTER.1
バッティングの考え方 008

投手の踏み込み足の着地にタイミングを合わせるイメージ
そこまでの動きは統一せず、1球ごとに打ち方を変える 010

構えではトップをできるだけ深くして距離を取っておく
あえてボール球を打つ練習も積んで引き出しを増やす 012

投球のラインに合わせて後ろから早めにバットを入れ
ボールが長く引っ付いているイメージで前を大きく振る 015

試合でのイメージは「ボールの内側に体ごと入れる」
時計の「7時」の針を狙うなどバットの入れ方も意識 020

2015年までの打ち方は体重を前にぶつける「左軸」
2016年以降は体重を後ろに残す「右軸」の意識 023

踏み込んだ左足のラインがヒッティングポイント
さらに肩のラインの意識でスイングを安定させる 026

CHAPTER.2
打席でのスイング技術 032

＜立ち位置とストライクゾーン＞
ベースから少し離れて外角低めを死角にする　034

＜立ち位置とスタンス＞
「右軸」をイメージしながらスタンスを調整　036

＜打席での構え（下半身）＞
右ヒザをカチッとハメて右脚を固定する　039

＜打席での構え（上半身）＞
最初からトップの位置で力を抜いて構える　042

＜スイング動作のリズム＞
「1、2〜、の〜、3！」で間合いを調節する　044

＜ステップの仕方＞
「右軸」「左軸」を使い分けてステップ幅も意識　048

＜体重移動のバランス＞
「7：3」くらいの感覚でカカトを踏み込んで回転　052

＜上下の捻転と体の回転＞
脚が前に出て手が後ろに残った状態から左右を締める　055

＜バットスイングの軌道＞
下から振り上げながらボールの見方で打つ角度を変える　058

＜両手のバットコントロール＞
ボールを捉える「イメージ」を重視して自然に体を動かす　061

CHAPTER.3
試合における思考 068

ネクストバッターズサークルで行うのはタイミングを合わせる作業
打席では1球ごとに素早く頭を回転させて次の球に備える 070

狙い球を絞るときは経験の中から成功しやすいイメージを選択する
基本スタイルはインハイのストレートに合わせながら変化球に対応 074

「このゾーンに来たら打つ」という自分なりの基準を作っておき
ストレートを待ちながら甘い変化球にも手を出せるように準備 081

好投手との対戦ではストライクゾーンの感覚をあえて絞ることも
状況に合わせて「強打」や「軽打」などさまざまな引き出しを使用 086

バッティングが不調に陥ったらまず体のコンディションを整える
そこからメンタルを整え、頭の位置が動かないように技術を追求 092

1球ごとに反省点をすぐ解決し、頭の中をすぐに切り替える
力が入りやすい場面でこそ、意識するのは技術的なポイント 095

CHAPTER.4
準備と練習の意識 102

シーズン中は体をできるだけ良い状態に整えて翌日の試合へ
年間を通して練習量とコンディショニングのバランスを意識 104

技術ポイントを確認できる4つの練習は毎日のルーティーン
日々の変化を恐れず "今の自分" に合う感覚を選択していく 106

バッティングの技術練習❶
真横からトスされたボールを打つ 112

バッティングの技術練習❷
背中側からトスされた外角球を打つ 114

バッティングの技術練習❸
斜め前からトスされた内角球を打つ 116

バッティングの技術練習❹
スローボールを打つ 118

持ち味のスイングの長さを理解しつつ、前提は「強く振る」
常に試合を想定し、普段の練習から同じ形状のバットを使う 120

たった1本で大きく状況が変わるのがバッティングの魅力
目の前の1球に対する「ヒット1本」がモチベーション 127

NPB節目の軌跡 130

著者プロフィール＆
年度別成績＆タイトル 134

協力／読売ジャイアンツ
装丁・本文デザイン／浅原拓也
写真／高塩隆、桜井ひとし、川口洋邦、BBM
構成／中里浩章

CHAPTER.1
バッティングの考え方

「打席で重視するのはタイミングと、
軸脚と頭の位置を含めた姿勢。
それ以外はすべて練習で感覚を作り、
試合で自然に頭と体が反応する」

CHAPTER.1 ▶ バッティングの考え方

投手の踏み込み足の着地にタイミングを合わせるイメージ
そこまでの動きは統一せず、1球ごとに打ち方を変える

　バッティングにおいて大切な要素はたくさんある中で、僕がまず重視しているのは"タイミング"です。投手にタイミングを合わせるときの意識というのはもちろん、人それぞれに違うものだと思っています。したがって、あくまでも個人的な感覚の話にはなりますが、僕の場合は「相手の踏み出しに合わせて打ちに行く」というイメージがメチャクチャ強いですね。つまり、相手が右投手であれば左脚、左投手であれば右脚の動きに合わせてこちらもステップを踏んでいく。そして、投手の踏み込み足が着地するのと同時に、こちらもちょうど踏み込み足——僕は右打者なので左足——が着地するような感覚です。

　これは僕の頭の中でのイメージなので、実際に映像などを見てその通りに動きがピッタリと合っているかどうかは分かりません。また、「投手の脚が上がるとき」や「投手のお尻が落ちるとき」に合わせてタイミングを取るほうが良い人もいると思いますし、正直なところ、どれが正解と言えるものではないでしょう。ただ、ステップする左脚を大きく上げようが小さく上げようが、すり足だろうがノーステップだろうが、どんなフォームであっても打つときにはつま先が地面に着き、そこからカカトが着地していきます。この踏み込みのタイミングさえしっかり合わせられれば、それまでの左脚の動きがどうなっていようと、どんな打ち方だろうとボールに対して自然とタイミングが合う。僕の中には常にそういう感覚があります。さらに上下の連動を考えると、カカトの踏み込みと同時に手が

BATTING BIBLE

ボールへ向かって出ていくことも大事。この時点でまだ手を後ろへ引こうとしていると、上の動きが遅れてボールに間に合わなくなってしまいます。ですから、厳密に言えば投手に対して左足の着地のタイミングを合わせ、なおかつカカトの踏み込みと手のタイミングを合わせるということが重要です。

　そして、逆に言うと「着地に至るまでのタイミングの取り方は一定じゃなくても良い」とも考えているので、僕は1打席ごと、また1球ごとにいろいろな打ち方をしています。極端に言えば、常に体が動いている中で合わせていくとき（いわゆる「動から動」）もあれば、動きを止めてグッと体にタメを作っておいて合わせていくとき（いわゆる「静から動」）もある。繰り返しになりますが、体が

タイミングの取り方などは状況によって変えており、「動から動」のときもあれば「静から動」のときもある。どんな打ち方であっても、投手の踏み込み足が着地するのと同時に自分の左足を着地させるイメージでステップしていれば、タイミングを合わせやすい

CHAPTER. 1 ▶ バッティングの考え方

　動いていようが止まっていようが、最後の着地のタイミングさえ相手に合わせられれば大丈夫。だから「こうやってタイミングを取る」というものは統一せず、その時々で変えています。

　とは言え、バッティングというのはすごく難しいもので、当然、タイミングが合わないときも多々あります。たとえば投手の足のほうが早く着いて差し込まれてしまったり、逆にこちらの足が早めに着きすぎて体が前に突っ込んでしまったり……。昔はそういうケースでもそのまま打ちに行ってしまっていたのですが、今は「あっ、合わない！」と思ったら、基本的には打つのをやめるようにしています。もちろん2ストライクまで追い込まれているとか、走者がいて作戦的に次の球を絶対に打たなければならないとか、タイミングが合わなくても何とか粘って打たなければならないケースはいくつかあります。

　ただ、若いカウントであったり、自分のタイミングで打つことが許されている状況であれば、合っていないのに無理して打つということは避けたい。バッティングでは、やはり「タイミングを合わせる」という作業が一番大事だと思っていますね。

構えではトップをできるだけ深くして距離を取っておく
あえてボール球を打つ練習も積んで引き出しを増やす

　打者というのは、常に投手が投げてくるボールに対応しなければならない"受け身"の立場です。したがって、「毎回キレイなフォームでキレイなヒットを打とう」などという考えは持っていません。もちろん理想を言えば、常に同じスイングで打ちに行けるほうが良いとは思います。ただ、僕の場合はなかなかそれができないですし、そもそも踏み込み足の着地のタイミングがバチッと合ったとし

ても、投手が投げてくるボール自体が一定のものではないわけですから、やはりそこから微妙にズラされる可能性もあります。

　では、実際にズラされてしまったらどう対応すれば良いのか。そこで生きてくるのがバットの位置です。

　僕は基本的に、構えの段階からできるだけトップを深く取っておいて、バットのグリップが後ろにある状態で打ちに行きたいという考えを持っています。たとえば現役時代のイチローさん（元マリナーズほか）のバッティングなどを見ると、どれだけ体が前に出ていようと、手の位置はまったく動かないですよね。そこがすごく大事だなと僕は思っていて、自分の感覚の中でグリップがちゃんと後ろにあれば、打ちに行きながら多少のズレがあったとき、「それでも打てる」と判断してそのまま振るのか、それとも「これは難しい」と判断してバットを止めるのか、選択の幅が生まれます。そして、結果的にタイミングをズラされて泳いだとしても、トップが深くて距離が取れている分、ボールを拾えたときにはバットの重みを利用して遠くへ飛ばせたりもします。つまり、手の位置が後ろに残っていれば、たとえ体が前に出て体勢を崩されたとしても、そこから何とか対処できるわけです。

　そのイメージがあるため、僕は練習のときには「あえてボール球も全部打つ」という意識を持つことがよくあります。多くの人はおそらく「ストライクだけを打つ」という意識を常に持っていると思いますが、僕の場合、試合になるとどうしても難しいボール球を振りに行ってしまうこともあるのです。それをヒットにするためにはやはり、練習のうちに技術や感覚を磨いておかなければならない。練習でやらずに試合でいきなりできるわけがないので、普段からストライクゾーンを広めにしてわざとボール球も打っていきながら、

CHAPTER.1　　▶ バッティングの考え方

形が崩されたときに ボールを拾うスイング

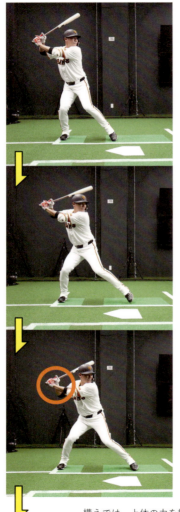

構えでは、上体の力を抜いた状態であらかじめトップを深く作っておく。そうすれば打ちに行ったときにまだグリップが後ろに残っており、タイミングを外されたとしてもそこからバットを止めたり、あるいはパッと手を出すことでボールを拾えたりする

BATTING BIBLE

「フォームを崩された中でもバットとボールをコンタクトさせるためにはどうしたら良いのかな」などと、いろいろ考えています。

　バッティングではよく「自分のスイングをすることが大事だ」と言われたりしますが、やはり打者は"受け身"なので、常にそのスイングができるとは限りません。「とにかく自分のスイングだけをしよう」という考え方では、少し崩されたときに上手く対応できず、確率は下がってしまうでしょう。だからこそ、「崩されるのが当たり前だ」ということも頭に入れて、練習でいろいろなスイングができるように準備をしておく。体の使い方の引き出しをたくさん持っておくことが大事だと僕は思います。

投球のラインに合わせて後ろから早めにバットを入れ
ボールが長く引っ付いているイメージで前を大きく振る

　僕は周りの選手に比べるとスイングスピードがあまり速いほうではなく、また実際に「スイングスピードを速くしよう」という意識でバットを振ることもほとんどありません。見ている人からすると、僕のバッティングに対してはコンパクトに鋭くスイングするというよりも、バットを長く使ってゆったりとスイングしている印象が強いのではないでしょうか。

　だからと言って、決して軽く振っているというわけではないのですが、手には基本的に力を入れたくないと思っています。タイミングを取って打ちに行く瞬間までは、両手はバットを軽く握っているだけ。そこの力感をなくしておくことで、ストレートに差し込まれたときに瞬時にパッと回ったり、また変化球でタイミングを外されたときに手を伸ばして拾ったりと、いざというときに上体の動きで

CHAPTER. 1 ▶ バッティングの考え方

柔軟に対応できるのです。

　そして通常のスイングの全体的なイメージとしては、僕の中では
こちらへ向かってきた投球のラインに合わせてバットの軌道を入れ
てあげて、そこからできるだけ長くボールが引っ付いているという
感覚。ボールをしっかり捉えながら、前を大きく振りたいなと考え
ています。練習のときなどはボールを捉えてから一瞬、バットの先
をゴンッとセンターのほうへ入れていく意識もありますね。バッ
ティングというのは、実際にはインパクトの瞬間で完了しているも
のかもしれませんが、インパクト後もセンターバックスクリーンの
ほうにヘッドを押し込み、走らせることで前が大きくなっていく。
そんなイメージです。

　そのスイングをするためにも、僕が重視しているのは軸脚と頭の
位置です。具体的に言うと、右足と右ヒザと頭が同じラインにある
かどうか。そうすれば体の右側にしっかりと軸ができた状態にな
り、強いスイングができて、バットがしっかり走って前を大きくで
きるというイメージがあります。これは練習のときから常に意識し
ているポイントです。逆に頭の位置がズレたりすると、軸をしっか
り作れないのでバットも長く使えません。

　また、僕は常に同じスイングで打っているわけではなく、来た
ボールによってその都度イメージを変えているのですが、それを実
現するためにもやはり軸脚と頭の位置は大事。いくら上半身の動き
を考えながら「バットをこういうふうに使いたい」とイメージをし
ていても、下半身がブレた時点でその動きは全部変わってしまいま
す。特にシーズン中、調子が良くてバンバン打っていたときとまっ
たく同じイメージで打席に立っているのに、調子が悪くなった途

BATTING BIBLE

端に打てなくなるということはよくありますが、その原因もおそらく下半身。疲労などの影響もあり、気付かないうちに下がブレてしまっていて、イメージ通りにバットが出なくなっているんです。だからこそ、僕はまず軸脚をしっかりと固め、その上に頭がしっかりと乗っていることを重視。そういう土台の安定感があって初めて、小手先のバットコントロールなどの技術も使えるのだと思います。

スイング軌道としては、できるだけバットがレベル（体のラインに対して水平）に回るのが理想です。実際にはレベルスイングの軌道よりも少し下から入ってしまうこともあるのですが、イメージは右肩の前あたりからバットを振り出していって、投球のラインに入れながらキレイに真横に振っていく。ですから、自然と右肩は下がり気味になります。一般的には良くないイメージを持たれがちですが、それは肩を下げることによってバットまで大きく落ちていき、スイングが遠回りになりやすいから。つまり、肩が下がったとしても体からバットが離れなければ良いわけです。他の打者を見ても、打っている人はみんなバットを投球のラインに入れるために少なからず捕手寄りの肩が下がっているので、それ自体は決して悪いことではないと思っています。

それに加え、先ほど「前を大きく振る」と言いましたが、僕の中では「後ろも少し振る」という感覚があります。よく言われる「後ろを小さく、前を大きく」というスイングを基本としながらも、振り出しからそのままパッと真っすぐボールに向かって行くのではなく、ちょっとだけ助走をつけるような感じで、小さくてもいいからバットが少し弧を描くイメージ。もちろん体から離れてしまうのはダメですが、体に近い状態の中でも少し後ろのほうからバットを出

CHAPTER.1　▶ バッティングの考え方

していきたいのです。

　そのメリットとしては、投球のラインに対してバットを後ろから早めに入れておくことで、スイング軌道をより長く合わせられるという点があります。分かりやすく言えば、後ろで少し詰まらされたとしてもバットがすでにラインに乗っているのでボールを捉えることはできますし、ちょっと前に泳がされてもやはりバットがラインに乗っているので、そのままヘッドを返さずに手を前に出してあげるだけでボールを拾える。ミートポイントの前後の幅がより広がってくるということです。僕は、練習では特にそういうイメージでバットを出して、長くスイングするようにしていますね。

　ただし、これはあくまでも僕が持っている細かい感覚の部分です。そもそもスイングがしっかりできていなければ、やはりバットが体から離れて遠回りしてしまうリスクは大きい。特に子どもなどには難しいので、基本的には「後ろを小さく、前を大きく」というスイングを身に付けることが大切だと思っています。

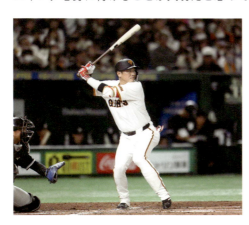

練習のときから常に意識しているのは、右足と右ヒザと頭が同じラインにあること。右側にしっかりと軸を作ることで体の土台がブレず、ボールに強い力を伝えることができる。またバットが走るので、自然と前が大きなスイングになっていく

ちなみにバットを構えるときの手の位置とか、あるいはバットの状態（ヘッドが立っているか寝ているか、投手側に倒しているか捕手側に倒しているか）などは、投球ラインへの入れやすさにはあまり関係ないので特に意識をしていません。大事なのはバットのヘッドの位置だけ。僕の場合はテークバックを取っているとき、無意識のうちにヘッドがやや深く入りすぎてしまう傾向があります。ただそれでも、基本的にはヘッドが頭の位置を通り越してさえいなければ、体の回転とともにバットはスムーズに出てきてくれます。

ミートポイントの幅が長いスイングのイメージ
（後ろも少し振って弧を描き、さらに前が大きい）

効率よく力を伝えられるスイングのイメージ
（後ろが小さくて前が大きい）

CHAPTER.1　▶ バッティングの考え方

試合でのイメージは「ボールの内側に体ごと入れる」
時計の「7時」の針を狙うなどバットの入れ方も意識

　先ほどはスイング軌道について触れましたが、これはすべて練習におけるイメージです。試合では投手が投げてくるボールに対応することが第一であって、「こうやって振ろう」などと細かい動きの部分までは考えられない。ましてやバットにボールを乗せ、ヘッドを走らせて前を大きく振るというのは上の使い方。上体に意識があると投手に対して集中できません。

　したがって、僕が打席で常に大事にしているのは先述した「タイミング」と、軸脚と頭の位置を含めた「姿勢」の2つ。それ以外の部分はすべて練習のうちにイメージをして、自分なりの感覚をしっかりと作っておく。あとは試合になったときに頭と体が反応し、その動きが自然と出ていくものだと思っています。だからこそ普段の練習を積み重ねることが大事で、僕はティー打撃などをルーティーンとして毎日やっていますね。

　さて、実際の打席の中ではどういうイメージでスイングしているのか。もちろん狙い球などもいろいろと考えたりはするのですが、どんな球に対しても共通しているのは「ボールの内側に体ごと入っていく」ということです。インサイドアウトで振るために「バットをボールの内側に入れる」という人はよくいますが、僕の場合は「全身をボールの内側に入れる」。右足・右ヒザ・頭でしっかりと体の右側に軸を作って残している力を、向かってきたボールの内側に対してグーッと全部ぶつけていくイメージですね。体ごと入れていくことでバットの軌道が遠回りせず、スッとロスなく出ていくとい

BATTING BIBLE

う感覚があります。当然、これも試合でいきなりイメージするのは難しいので、練習のときからボールの内側に体とバットを入れていくように習慣づけています。さらに細かく言えば、ボールを時計の文字盤に見立てて、基本的には「7時」の位置あたりを狙って打つという意識も持っています。

　それを踏まえた上での話になりますが、僕は前にも言ったように、来たボールによって打つイメージをいろいろ変えています。たとえばインサイド（内角寄り）とアウトサイド（外角寄り）の違いを説明すると、前者の場合はヘッドを返さずにバットの面をそのまま押し出して振り抜くようなイメージ。ヘッドを返すと、バットが描くスイング軌道の円が遠回りしてしまう感覚があるんです。逆に後者の場合は、バットの面をそのまま押し出していくとファウルになってしまうので、ヘッドをガーンと返しながら右中間のほうへ持っていくイメージ。一般的によく言われる「押っつけて右方向」ではなく、どちらかと言うと、少し右手でパンチ（右フック）を入れにいきながらヘッドを返してあげる。感覚は人それぞれですが、僕の場合はそれくらいがちょうど良いですね。

　あとホームランに関して言うと、僕の場合は「ヒットの延長が自然とホームランになる」というよりも「ホームランになるような打球を狙って打ってサク越え」という感覚で打つことのほうが多いかもしれません。ただし、打席では先ほどの「時計の7時の針を打つ」などのイメージもありますが、実際に打球が上がる角度までは自分でコントロールできない。これもやはり普段の練習が肝心です。たとえば、ロングティーで遠くに飛ばすときなどは打球を上げるために「良い角度でバットを入れよう」と意識しているので、試合の中

CHAPTER.1　▶ バッティングの考え方

で「ここは長打狙いの場面だから右中間に強く打とう」とか「よし、ここはガチンッと打球を上げてやるぞ」というケースになったらそのイメージを思い出していく。僕は2019年、ホームラン数が急に増えて40本を打ったのですが、その年に何かを大きく変えたわけでもなく、正直、なぜ打てるようになったのかは今でも分かりません。ただ現実として、ロングティーのときと同じ角度で上手くバットを入れられた打席は多かったかなと思います。

ボールの内側に体ごと入っていくイメージ

バットを入れる角度のイメージ

「ボールの内側に体ごと入れる」という感覚（写真）を基本にしており、投球が内角に来た場合はさらにヘッドを返さず、バットの面をそのまま押し出していくイメージを持っている。逆に外角に来た場合は少し強めにパンチを入れるような使い方で、ヘッドを返して右中間方向へボールを運ぶイメージ

BATTING BIBLE

2015年までの打ち方は体重を前にぶつける「左軸」
2016年以降は体重を後ろに残す「右軸」の意識

　僕は今年でプロ入り18年目になりますが、昔と今では打ち方が明らかに違います。2015年までは左脚をしっかり上げ、そこから前へ大きく振り出すようにステップして打っていました。当時は「できるだけ体重移動をしっかり使って打ちたい」という想いがあって、右脚に溜まっている力を左脚のほうへバンッとぶつけに行くイメージ。左足の着地と同時に右ヒザをしっかりと前へぶつけていき、投手方向へスエーして力を伝えていたんです。どちらかと言うと左手でバットを引っ張っていて、ステップ後の左足・左ヒザ・頭の「左軸」でボールを打っている感覚がありました。イメージとしては谷佳知さん（元オリックス、巨人）に近い打ち方ですね。

　転機は翌16年です。宮崎での春季キャンプに臨時コーチとして松井秀喜さん（元巨人、ヤンキースほか）が来られて、バッティングの話を聞いたところ、現役時代は軸脚に「8：2」とか「9：1」くらいの割合で体重を残しながら打っているイメージだった、と。ただ、僕はもともと「軸脚を中心にして打つ」という感覚があまり分からないから踏み込み脚に大きく体重を乗せていたわけで、「左軸」でもそれなりに結果（12年最多安打、打率3割超え2回など）を残せていたので、最初は「打者としてのタイプも違うし、自分には多分その打ち方はできないだろうな」と思っていました。そしてしばらくはいつも通り、前にぶつけに行く感覚で打っていました。ところが、オープン戦でずっと調子が悪かったんです。そんなタイミングでたまたま（前年に引退したばかりの）谷さんに会って、

CHAPTER.1　▶ バッティングの考え方

　「ちょっと打撃が良くないんですよね……」と漏らすと「右脚のヒザが折れるのが早いから、もう少しそこを意識してみたら？」と。そこでもちょうど軸脚の話が出たので、「右脚を意識して打ってみようかな」と思い始めました。

　とは言え、初めのほうは「6：4」とか、それくらいのイメージだったと思います。でもやっていくうちにバッティングの状態が上がっていって、シーズンが始まってもバーッと打つことができて、その後も良い感覚が続いていきました。そしてだんだん「軸脚にしっかり体重を乗せたほうが良い」という考えになり、1年かけて最終的には「8：2」くらいの割合に変化。結果も伴い、首位打者（打率.344）のタイトルを獲ることができました。

　そこからは、打ち方がガラッと変わっていきましたね。基本的に

2015年までのバッティングフォーム

左脚をしっかりと上げ、前へ大きく振り出していくスイング。右側に溜めた力を一気に左側へぶつけ、体重移動を利用してボールに大きな力を伝えていく。着地後の左足・左ヒザ・頭で作られる「左軸」が中心になり、左手でバットを引っ張っていく感覚（写真は2012年）

BATTING BIBLE

は軸脚に体重をしっかり乗せておいて、後ろに残した状態で回るイメージ。左手でリードしていた感覚も変化し、逆に右手でバットを押し込んでいくような感覚が強くなりました。さらに、ボールを後ろから見るようにもなった。結果としても、力を後ろに残した状態で回転してボールを押し込めるので逆方向へ飛ぶ打球が強くなりましたし、またボールを長く見られるので選球眼も良くなって、打率も全体的に高くなっていきました（17年=.291、18年=.345、19年=.312、20年=.289）。そして改めて、体の右側にちゃんと力が溜まった状態を作って「右軸」でバッティングをするほうがメリットは多いな、と。そう実感してきたので、今は2種類の打ち方を使い分けたりもするのですが、通常は「右軸」をベースに考えています。

2016年以降のバッティングフォーム

軸脚にしっかりと体重を乗せ、後ろに残した状態で回っていくスイング。右足・右ヒザ・頭で作られる「右軸」が中心になり、右手でバットを押し込んでいく感覚。ボールを長く見ることができて、さらに力が後ろに残るので、逆方向へ強い打球が飛んでいく（写真は2023年）

CHAPTER. 1 | ▶ バッティングの考え方

踏み込んだ左足のラインがヒッティングポイント
さらに肩のラインの意識でスイングを安定させる

2016年以降は「右軸」で打ってきましたが、その一方で、軸脚に体重を残す意識が強いと「ポイントを体の中に入れすぎてしまう」とか「ボールを受けてしまう」という声もよく聞きます。しかし、それはやはり最初にも言った「タイミング」の問題。打ちに行くタイミングさえ間違えなければ、絶対に大丈夫だと僕は思っています。

では、なぜボールを受けてしまう人が出てくるのかと言うと、打ち方のイメージを変えたときにヒッティングポイントまで一緒に変えてしまうからです。軸脚を意識して体重を後ろに残そうとした場合、それに合わせて打つポイントまで後ろにしてしまう。逆にしっかり踏み込んで体重を前に乗せていこうとした場合は、打つポイントまで前にしてしまう。そうなるとボールを捉えるのはすごく難しくなります。

僕はどんな打ち方であっても、基本的にヒッティングポイントは踏み出した足（右打者なら左足）のラインにあると思っています。アウトコースだから少し体の中に入れて打つとか、インコースだから前で打つとか、そういう感覚もなく、イメージは左足のラインで横一列。そうやって打つポイントを一定にしておけば、タイミングは合わせやすくなります。そもそも、投手が投げてくるボールのスピードは1球ずつ違うもので、しかも軌道も違うし、タイミングも変えてくる。そこに対応しなければならないのに、こっちまで打つポイントを変えていたら余計にアジャストしづらくなるよな、と。

BATTING BIBLE

もちろんバッティングは少なからず形を崩されるものなので、実際にはちょっと前で打ったり後ろで打ったりしていると思います。ただ、イメージの中でヒッティングポイントを一定にしておかなければ、安定して捉えることはできません。だから「左の壁」はすごく大切。踏み出した左足と同じラインに壁があって、アウトコースだろうとインコースだろうと、常にその面にバットを出していくイメージですね。

　そして、肩のラインがブレると打つポイントもブレてしまうので、「左肩のライン（左肩を中心にして右肩まで結んだライン）」をできるだけキープすることも大事にしています。表現としては「相手（投手）にできるだけ胸を見せない」というほうが正しいでしょうか。もちろん、最後は両肩を入れ替えて体を回転させなければしっかり振れないので、実際にはバットを振り出していく瞬間に肩も少し動き始めています。しかしイメージの中では、振り出しのタイミングでは肩を動かさず、手が一瞬だけ先に動いて右ヒジも少し体のほうへ入っていき、その後から両肩のラインが少しずつ動いて体が回っていく。そしてボールを捉えたら、最後は一気に両肩を入れ替えて回転するという感覚です。

　バッティングというのは非常に難しいもので、並進運動と回転運動を上手く組み合わせなければなりません。インパクトまで肩を開かないようにして打とうとすると回転しにくいのでスイングが窮屈になり、だからと言って手と肩が同時にクルッと回っていくと、両肩のラインがパッとめくれて体の面がすぐ相手に見えてしまう。いわゆる「体が開いている」という現象で、確率が悪くなってしまいます。ですからちょうど良いバランスが大切。それを作るイメージ

CHAPTER.1　▶ バッティングの考え方

が、僕の中では「バットの振り出しでは左肩のラインを変えず、右ヒジが入りながら先に手が動いて、その後から体が回っていく」なのです。

　なお、僕は試合では基本的にストレートに合わせていることが多いのですが、「左肩のライン」とヒッティングポイントの「左の壁」がしっかりイメージできていれば、スライダーやカーブなどに泳がされたとしても体を開かずにそのまま上手く拾えたりします。またボールがポーンと抜けてきたときなども、肩のラインが変わらずに手が先にバーンと出ていけば、確率良くヒットになるイメージもありますね。ラインは必ずしも地面と平行とか投手に向かって一直線というわけではなく、上向きや下向き、深めや浅めなど、人それぞ

コースや球種にかかわらず、ヒッティングポイントは踏み出した左足のラインが基本。そこに壁があるようなイメージで、常にその面にバットを出していけば打つポイントは安定しやすい

BATTING BIBLE

れです。僕の場合、軸脚にしっかり体重を乗せて後ろに残したり、またバットを早めに投球のラインに入れて少し下から振り上げる軌道になったりするため、特徴としては少し上向き。構えの時点で右肩が落ちて、マウンド上の投手を見上げるような形になることもよくあります。ただ、いずれにしても肩のラインさえ崩れなければ、ヒッティングポイントに向かってブレることなく振り出せるので問題ないと思っています。

バットを振り出す瞬間、手と肩が一緒に回っていくと、そのまま体が開いた打ち方になってしまいやすい。だからこそ、できるだけ左肩のラインをキープする意識が大切。そしてバットを振り出すときには一瞬、先に手が動いて右ヒジが体の前に入っていき、その後から体が回っていくイメージ。そうすればインパクトまでの動きがブレにくい

PAGE **028-029**

「打者は基本的に"受け身"の立場なので、常に自分のスイングができるとは限らない。『崩されるのが当たり前だ』ということも頭に入れて、体の使い方の引き出しをたくさん持っておくことが大事」

CHAPTER. 2
打席での
スイング技術

「投手の特徴や自分の状態に合わせて
構え方やステップの仕方などを調整。
フォームを細かく考えるのではなく、
ボールを捉えるイメージを思い描く」

CHAPTER. 2　▶ 打席でのスイング技術

＜立ち位置とストライクゾーン＞
ベースから少し離れて外角低めを死角にする

　ここからは、打席内での細かい技術についてお話ししていこうと思います。

　まずは立ち位置ですが、僕の場合はハッキリと「ここに立とう」と決めたりはしていません。もちろんオーソドックスな位置はあって、捕手側のラインギリギリで本塁ベースから少し離れて立っていることが多いのですが、感覚としては「大体この辺かな」という程

打席に入ってから構えるまでの流れ

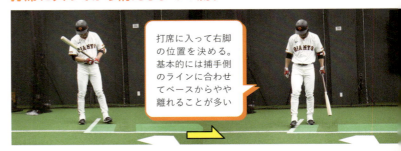

打席に入って右脚の位置を決める。基本的には捕手側のラインに合わせてベースからやや離れることが多い

右脚を固めて下半身を動かさずに上体の構えに入っていく

BATTING BIBLE

度。ストライクゾーンとの距離感はいつも一定ではなく、その時々の自分の感覚に合わせて変えています。

　ストライクゾーンの空間をイメージする際は、基本的には外角低めの厳しいコースがあえて死角になるようにしています。と言うのも、外角低めギリギリの球をヒットにするのはすごく難しいものですし、そこを追いかけようとした場合、外角低めのストレートの軌道から変化する"ボール球の変化球"にも手を出すことになってしまいます。そう考えると、そもそも外角低めの厳しいコース自体に反応しなくて良いんじゃないかなと。そして自分の視界に"外角低め"が入らないようにするイメージを持っているので、自然とベー

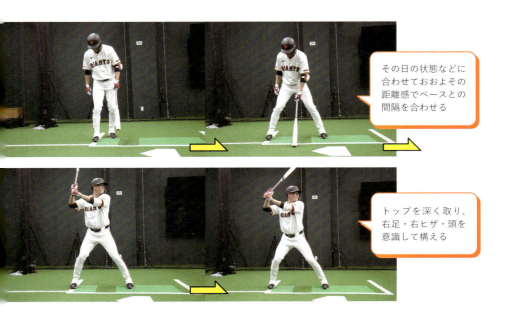

その日の状態などに合わせておおよその距離感でベースとの間隔を合わせる

トップを深く取り、右足・右ヒザ・頭を意識して構える

CHAPTER. 2 ▶ 打席でのスイング技術

スから少し離れて立つことが多くなるわけです。また、周りから「調子が良いときは少し斜め上を向いている」と言われることもあるので、上手く"外角低め"を消すイメージができているのかもしれません。極端な話、「外角低めギリギリにピンポイントで3球続けて投げ込まれたら、見逃し三振になっても仕方ない」と割り切っているくらいの感覚はありますね。

<立ち位置とスタンス>

「右軸」をイメージしながらスタンスを調整

立ち位置についてもう少し話をすると、基本は本塁ベースから少し離れていますが、逆に少し近づくこともあります。そのさじ加減はステップのイメージによって変えていますね。ボールに対して真っすぐ踏み込むか、あるいは少しクロス気味に踏み込んで打ちに行くときは通常の立ち位置。そして左脚をやや後ろへ引くような

通常の立ち位置

立ち位置はその時々の感覚で変化させているのでややアバウトだが、基本的には外角低めギリギリの難しいボールを死角にするために、少しベースから離れて立つ

オープン気味のイメージで打ちたいときは、いつもより少しベース寄りに立っています。また、ステップのイメージだけではなく実際に左脚を引いてオープンスタンスで構えることもあり、そのときもやはりベースに近づきます。

オープンスタンスのメリットは、右脚の上に体がしっかり乗るので右側の軸と頭の位置を意識しやすく、上体が突っ込みにくくなるという点です。僕のように少し離れた位置から踏み込んで打ちに行く場合、デメリットとしてどうしても体の軸はブレやすくなる。ですから、打席内で「ちょっと踏み込みすぎているな」「前に突っ込んでいるな」と感じたときには、その場で少しオープンスタンスに変えたりもしています。スタンスの取り方もいろいろと使い分けていて、たとえば左脚を後ろへ少し引くだけのときもあれば、現役時代の落合博満さん（元中日監督）に近いイメージで左足のつま先も投手のほうへ向けていくときもあります。実際、右脚と頭の位置を安定させることでボールを長く見られるようになったという経験は何度もあるので、スタンスの微調整はその都度やっていますね。

さらにオープンスタンスにはもう１つ、大きなメリットがあります。あらかじめ左脚を開いておくことで体の前に空間ができるため、投手との距離を取れるようになり、スイングにおいて腕が通しやすくなるということです。特にインサイドの球を打つときなどは、体の近くで腕を通してから抜いていく動きが必要になりますが、普通に踏み込んだ場合はそれがなかなか難しい。しかしオープンスタンスであれば、体の近くに腕の通り道ができるので対応しやすくなるのです。

とは言え、このメリットだけを意識していると「左軸」にもなり

CHAPTER. 2　　▶ 打席でのスイング技術

やすいので、そこは気を付けなければなりません。オープンスタンスの場合は左脚を開いているわけで、「左軸」のイメージで踏み出した左脚の外側にそのまま体重移動をすると、体を開いて背中側へただ回るだけのスイングになってしまいます。これでは投球にまったく対応できず、ノーチャンス状態です。打ちに行くときには、絶対に肩が残っているということが大事。それこそ落合さんの現役時代の打ち方を見ると分かりやすく、左脚を大きく外へ開いていた

通常のスタンス

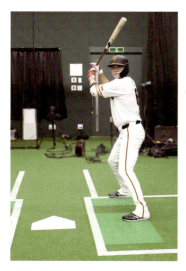

通常の構えでは少しベースとの距離を取り、ボールに対して真っすぐ踏み込むか、ややクロス気味に踏み込んでいく。体の軸がブレてしまうときは距離感やスタンスの取り方、ステップのイメージなどを微調整する

オープンスタンス

右側に体重をしっかり残して突っ込みを抑えたい場合や、ボールとの距離を取って腕を通しやすくしたい場合などは、その場で構えをオープンスタンスに切り替えたりもする

BATTING BIBLE

しても左肩はまったく開かず、バットがしっかり後ろに残っています。ポイントはやはり、右脚にしっかり体重を残した状態で打ちに行けているかどうか。最初のメリットに戻りますが、オープンスタンスでは「右軸」のイメージがすごく重要になります。

<打席での構え（下半身）>

右ヒザをカチッとハメて右脚を固定する

　打席での立ち姿勢はその時々で微妙に変わりますが、僕はこれまで話してきた通り「右軸」のイメージを重視しているので、左脚をステップしても右脚と頭の位置が動かないようにするために、構えの段階から右ヒザをしっかり固めた状態にしています。左脚は全体のバランスを保つために地面に着けて支えている程度の認識で、体重の乗せ方で言うと「右脚：左脚」が「8：2」くらいの割合ですね。意識しているのは右ヒザのすぐ上にある小さい筋肉（内側広筋）。その上の太もも（大腿四頭筋）にまで意識が行くとバランスが崩れてしまうので、右脚側に体を乗せて構えたら右ヒザにギュッと力を入れています。どちらかと言うとやや外側（捕手側）に向けてあげるくらいがちょうど良く、右ヒザにカチッとハメているような感覚。そして右脚のヒザから下をしっかり固定し、「この位置は絶対に変えないよ」というイメージを持って打ちに行きます。決してガニ股などにしているわけでもなく、要はつま先とヒザが同じ方向に向いていれば良い。実際には右足のつま先を打席の捕手側のラインに真っすぐ合わせているため、右ヒザもその方向に真っすぐ向いていると思います。

CHAPTER. 2 ▶ 打席でのスイング技術

　振り返ってみると、昔とは立ち方の時点で意識が全然違いますね。僕はもともと、体が少し突っ立ったような状態で構えていました。「左軸」で打っていた2015年までは特にそうで、体重移動を意識して前にぶつけていくイメージがあるので重心はやや高め。そこから「右側の軸が大事だな」と思って右脚を重視するようになり、それにともなって少しずつ重心が下がっていき、自然と体勢が低くなってスタンスも広がっていった感じです。今は丹田（ヘソの下）

打席での構え

構えでは「右脚：左脚」が「8：2」のイメージ。右足・右ヒザ・頭を意識して右側にしっかりと軸を作る

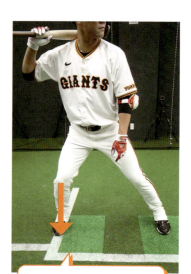

右ヒザはやや外側へ向けるイメージで、カチッとハメている感覚を重視。ヒザから下をしっかりと固定する

BATTING BIBLE

昔（左軸）の 「構え」から「ステップ」	今（右軸）の 「構え」から「ステップ」

「左軸」で打っていた2015年までは右側から左側へ体重をしっかりと移動させるイメージが強かったため、重心はやや高め。強い力をぶつけるために、左脚も高く上げて打っていた	「右軸」で打つようになった2016年以降は少しずつ重心が下がり、現在は丹田あたりにある感覚。右ヒザが動かないことを重視してきた結果、体勢が低くなりスタンスも広がった

CHAPTER. 2 ▶ 打席でのスイング技術

あたりに重心がある感覚で、昔の写真とベルトの位置を見比べると腰の高さが明らかに違います。

　ちなみに僕の中では、足裏や股関節への意識はありません。もちろん足の裏でしっかりと地面からの力を受けることはすごく大事なので、普段のトレーニングなどでその準備はしています。また股関節の使い方についても、右側の股関節がボールに対して平行に入るか、もしくは少し下がっているくらいであれば、ボールの軌道に合わせてバットを少し下から入れやすくなる、という考えも持っています。ただ、実際にバッティングでその部分を気にしたりはしないですね。結局は右ヒザがしっかり止まり、右脚が安定しているかどうかが大事。僕は他の選手たちから「右ヒザってやっぱり投手方向に行かないほうがいいですよね」と質問されることが多いですし、すごい打者の方々と話をしたときにも、僕のバッティングの良い部分について「右ヒザが動かないですよね」と言われたことがあります。やはり軸脚のヒザの安定というのは、良い打者が共通して意識しているところなのかなと思いますね。

<打席での構え（上半身）>

最初からトップの位置で力を抜いて構える

　上半身については先述したように、構えの段階でバットを深いところまで引いています。あらかじめトップの位置の近くにバットを置いておけば、テークバックで手を後ろへ大きく引いていく動きを省くことができます。そうやって、グリップが後ろに残った状態が自然と作られるようにしたいのです。一般的にはおそらく「できる

だけ楽な位置に構える」という人のほうが多いと思いますし、僕も理想を言えば右肩の上あたりにスッと置いておきたいところです。ただ、個人的にはもともと手を大きく動かしながら打つタイプではありません。楽な位置で構えるとテークバックでは自分で手を後ろへ大きく引いていかなければならず、もちろんそうやってトップを作る人もいるとは思うのですが、僕の場合はそこでムダな動きが生まれてバットが大きくブレてしまいます。全体的にもムダな動きはできるだけ作りたくないので、右脚は最初から固めておくし、バットは最初からトップに置いておく。そういう感覚です。

　だからと言って、上体をガチガチに固めてしまうとバットを上手く扱えないので、力は抜いていますね。ヒジに関しては楽な位置で構えていますし、両腕をギュッと締めたりはせず、少しゆったりとさせています。そして、手の力感も緩め。感覚的には15〜20%くらいでしょうか。手はトップの位置に入れたら、あとはバットを支える程度のイメージ。決してギュッと強く握ったりはしていません。

　バットの握り方で言うと、僕は手のひらではなく指で握るタイプです。第三関節のラインあたりにバットを当て、両手ともに小指・薬指・中指の３本で握る。人さし指と親指はほとんど力を抜いていて、特に両手の人さし指は浮いているくらいの感覚です。また僕は高校時代からずっと、バットを目いっぱいまで長く持つことはしてきませんでした。これは勝手なイメージなのですが、左手の小指をグリップエンドにくっ付けるとバットが扱いにくくなり、ボールへのコンタクト力が悪くなってしまうような気がするんです。したがって、今もグリップエンドから指１本分は必ず空けて握るようにしています。

CHAPTER. 2　　▶ 打席でのスイング技術

自然とグリップが後ろに残った状態が作られるようにするために、バットはあらかじめトップに近い位置で深く引いて構えておく。ただし上体を固めるのではなく、ヒジも締めずに力を抜いてゆったりと構える

バットはギュッと強く握るのではなく、力感は緩め。グリップエンドから少なくとも指1本分は空けて小指・薬指・中指の3本で握り、両手の人さし指と親指は力を抜いておく

＜スイング動作のリズム＞

「1、2〜、の〜、3！」で間合いを調節する

　構えからテークバックを取ってステップして打ちに行く一連の流れにおいては、「1、2〜、の〜、3！」というリズムのイメージがあります。P46〜47の写真にざっくりと当てはめると、構えている①の時点ではまだ「0」で、動き出しの②が「1」。ここで一瞬、捕手側へ体を引いて"割り（トップの奥行きがある状態）"を作っていきます。そして③④⑤と左脚を引いてから投手方向へステップし

ていくところが「2〜」。さらに着地する直前の⑥⑦あたりで「の〜」と間合いを取り、⑧以降でカカトを踏み込んで「3！」と打ちに行く感じです。

　ここで大事になるのは、先述したように右ヒザが動かないこと。写真で言うと①から④まで右ヒザの位置が変わらず、⑤でステップしてもまだ残っています。そして⑥⑦でようやく右ヒザが投手方向へ動いていき、カカトを踏み込んで体重移動が始まっていく。僕の中では、脚の使い方としては理想的な写真と言えます。逆にステップする④⑤あたりで右ヒザが投手方向へ寄っていくと、体重が右側に残せなくなってしまいます。とは言え、やはり投手が前（右打者なので左方向）にいる以上、そちらから向かってきたボールを打つために最後はもちろん前へ体重移動をしなければならないわけで、何も意識せずに打ちに行くと右ヒザは内側に入って投手方向に流れていきやすいものです。だからこそ、右ヒザをしっかり固めるという意識はすごく重要。僕の場合は「右ヒザを外側へ向けてカチッとハメる」くらいのイメージがちょうど良いわけです。

　一方で上体のほうですが、僕の中では①の時点でもうトップを作っているイメージなので、実際に写真を見てもやはり手の位置は動いていません。体を後ろへ引いて③から④⑤とステップしながら前に出ていきますが、手の位置はずっと変わらない。だからバットが後ろに残って、自然と弓を張ったような状態が作られているのだと思います。この写真の場合は⑤⑥とヘッドが投手方向へ入りすぎているため、バットを出すのが難しいという部分もありますが、少なからず横から見て「く」の字になるのは僕の特徴と言えます。

　さて、先ほどの「1、2〜、の〜、3！」というリズムの話です

CHAPTER. 2 ▶ 打席でのスイング技術

が、感覚的には「の〜」という間合いの部分が重要だと思っています。最近では全体的に投手のモーションも速くなり、また普段からクイックで投げてくるケースもあるので、予備動作を行う時間がなくていきなり「２〜、の〜」で打たなければならないときもあります。ただ正直、「１」を省いても、「２〜」でステップしてから体重移動が始まる「３！」までの間にしっかりと間合いを作れれば、着地のタイミングは合わせられる。ですから、構えてから動き出すまでの「１」のタイミングにはこだわっていないですね。

2023年の基本スイング

さらに言うと、「の～」に使う時間は状況に合わせて調節もしています。たとえば投球フォームの間合いが短い投手と対戦するときには少し短くしていますし、あるいは「今日はちょっと体が突っ込みやすいな」と感じたときなどもその日の体の使い方次第で、右脚に体重をしっかり乗せるために「間合いを長くしよう」とか、逆に体が突っ込んでしまう前に打ちに行けるように「間合いを短くしよう」とか。相手投手の特徴や自分の状態に合わせて、いろいろと変えています。

CHAPTER. 2　▶ 打席でのスイング技術

＜ステップの仕方＞
「右軸」「左軸」を使い分けてステップ幅も意識

　左脚のステップの仕方は特に意識していませんが、つま先の内側から着地したいという感覚はあります。投手に足裏を見せるような感じで親指側から着いていくイメージであれば、左ヒザが開くこともなく、自然と左肩や左腰に壁ができてスムーズに体重移動ができるのです。また理想としては、できれば地面にそーっと着いていきたいですね。上下の連動性を考えると、左足のカカトの踏み込みと同時にバットを持っている手が出てくることが大切なので、右側に

右側に体重を残したままステップし、左足裏を投手へ見せるようなイメージで親指側からそっと優しく着いていく。そうすることで着地したときには左ヒザが開かず、左肩や左腰に壁ができてスムーズに体重移動ができる

体重を残しながら先に左足のつま先を優しく着いてタイミングを探り、「よし、打つぞ」というところでカカトをドンッと踏み込んでいくというイメージです。

　ちなみに昔の体の使い方を振り返ると、「左軸」のときは左脚を高く上げて投手方向へポーンと大きく回すように振り出していました。「右軸」になってからは「できるだけ右側に力を溜めた状態で打ちに行きたい」という考えからだんだん重心が低くなり、当時ほど高く上げることはなくなってきたのですが、それでも打席内での引き出しとして、左脚を少し上げて回すようにしながら探っていくことなどは今もあります。たとえば体が突っ込んでしまうとき、それを意識することで時間が作れて右脚に長く乗れるようになるのです。他にも対処法として、2ストライクまで追い込まれたらすり足気味だったものをノーステップ気味に変えたり、また左脚の動き出しのタイミングをやや遅めにしたりと、打つポイントを少し手前へ入れてボールを長く見られるような工夫はしています。

　ステップの幅に関しては、僕は基本的に他の人と比べて広いほうです。これは背の高さなども関係することなので仕方がないのですが、ステップが広いと大きな力を伝えられる反面、体のブレも大きくなってしまう。それを考えると、できれば狭いステップ幅の中で打てたほうが良いのかなとは思っています。だからと言って、常にそれを意識するのはなかなか難しいものです。ただ、打席内で「ボール球を振ってしまっているから、体がブレないようにちょっとステップを狭くしよう」などとイメージを変えることは多々あります。また歩幅が狭ければ体の回転を使いやすく、インサイドの球に対してさばきやすくなるというメリットもあります。したがっ

CHAPTER.2 ▶ 打席でのスイング技術

て、「内角に詰まるなぁ」などと感じた場合もやはり左脚のステップ幅を狭くしたりしますね。

さらに内外角への対応で言うと、僕は「右軸」と「左軸」の打ち方を使い分けています。基本的には「右軸」がベースなのですが、インサイドの球を狙うケース、また速いストレートを狙っている

「右軸」の意識で打つ通常のスイング

右足・右ヒザ・頭のラインを意識して右側に軸を作り、しっかりと力を溜めていく

「左軸」に切り替えたときのスイング

右足・右ヒザ・頭のラインを意識して右側に軸を作り、しっかりと力を溜めていく

ケースでは「左軸」のイメージに切り替えて、ボールに詰まらないように少し前へ力をぶつけていくのです。そしてこのとき、そのままステップ幅が広くなると体の回転力が落ちてしまうので、同時に右脚を投手側へスライドさせ、歩幅を自分で小さくしています。左脚はもちろん着地してから動かないので、バットを振るときに体重

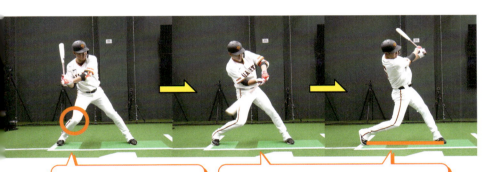

右ヒザをできるだけ動かさずにステップし、右側に体重を残したまま打ちに行くイメージ

右側に溜めた力を最後にぶつけることで、ボールを長く見た上でしっかりと押し込むことができる

右側に溜めた力をステップに合わせて左側へぶつけていき、体重移動で打ちに行くイメージ

右脚を投手方向にスライドさせて歩幅を狭めることで、回転力が増して前で捉えることができる

CHAPTER. 2 ▶ 打席でのスイング技術

を前へ乗せながら右脚だけズズッと寄せていく感覚ですね。あえてスエーさせているので、動きとしては右ヒザが少し内側に入っていく。そうすることで回転力を補うことができて、前にパッとバットが出ていきます。

　余談ですが、右打者の中には右方向を狙うときに右脚を後ろへズラす人もいます。井端弘和さん（現・日本代表監督）などは現役時代によくそうやって打っていた印象があります。右脚を引くことで左肩が締まるので、体がめくれずに逆方向へしっかりバットを押し出していける。その使い方もすごく理に適っているなと思いますね。

<体重移動のバランス>
「7：3」くらいの感覚でカカトを踏み込んで回転

　体重移動のタイミングでは、右側に溜まった力を左側にしっかりぶつけていくイメージがあります。ただし、そのときのバランスはすごく大事。打ちに行くイメージが強すぎると突っ込んでしまいますし、だからと言って、右脚に乗せて回るだけのイメージだと今度はボールを受けすぎてしまいます。僕の中でちょうど良いのは、構えてからステップするまで「右脚：左脚」が「8：2」だったものが、いざ打ちに行くタイミングで「7：3」に変わるくらいの感覚ですね。あとはその日の状態に応じて「少し前に突っ込んでいるな」と思えば「8：2」にしてみたり、もっと後ろに残したいときは「9：1」にしてみたり。さらに、先ほども言ったようにオープンスタンスにしたり、間合いの長さを調節したり、ステップ幅を狭めたり……。

僕は1打席の中でも、わりと1球ごとにいろいろ変えながら対応しています。

　何度も繰り返しになりますが、ポイントはとにかく右脚の使い方です。ステップ時に右ヒザが折れると力が逃げてしまうので、まずはいかに右脚を固めて体重を乗せた状態で左脚をグーッと出していけるか。トップを深く取って手も頭も後ろに残りながらも、左脚だけが前に出ていく。言ってみれば、体の形で「L字」を作る感覚に近いかもしれません。そして左足のつま先が着いてからカカトを踏み込む際は、体重を一気にドーンと乗せ切るのではなく、カカトが

体重移動のイメージ

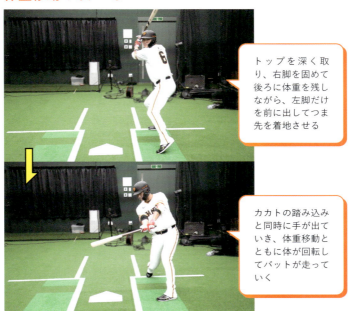

トップを深く取り、右脚を固めて後ろに体重を残しながら、左脚だけを前に出してつま先を着地させる

カカトの踏み込みと同時に手が出ていき、体重移動とともに体が回転してバットが走っていく

CHAPTER. 2 ▶ 打席でのスイング技術

通常のステップ幅でスイング

ステップ幅を狭めてスイング

個人的な傾向として通常のステップ幅は広め。右脚に体重を残す意識で打ちに行くが、最後は右側に溜まった力を体重移動で左側にぶつけていく必要があり、「右脚：左脚」が「8：2」から「7：3」に変わるくらいのイメージがちょうど良い

ステップ幅が広いと大きな力を伝えられる反面、体の軸がブレやすいというデメリットもある。だからと言って、体重を右脚に残しすぎると今度はボールを受けすぎてしまうため、少し体が突っ込みがちなときはステップ幅を狭めることでバランスを取ったりする

着くのと同時に回転していくイメージですね。

　インパクトの局面では、体重を後ろに残し続けていても力が伝わらないので、最後はやはりドーンと前に伝えています。ただ、インパクト後はそのまま左脚に乗せた状態でガーンと回り切ることもあれば、右脚へまた体重が戻ってくることもあります。特に逆方向へ強い打球を飛ばせたときは、後者が多いですね。ボールを打った後に頭や体が少し後ろへ離れてステイバックの形になると、距離が取れるので手が押し出されるように前へ出ていく。だから右方向へしっかり押し込むことができるのです。また「ボールとの距離が取れないな」と思ったときなどは、自分からあえてインパクト後に後ろへ離れるイメージを持つこともあります。

＜上下の捻転と体の回転＞

脚が前に出て手が後ろに残った状態から左右を締める

　バッティングで強さを出していくために必要なのは、上下の捻転差だと思います。「捻転」は投手が技術を説明するときによく使う言葉ですが、もちろん打者にとっても大切。簡単に言えば、手を後ろに引いたまま脚だけが前に行くという状態ですね。打つ瞬間には右の股関節がグッと入りながら右脚から左脚へと力をぶつけていくわけですが、上半身はトップを作った状態で左カカトを踏み込むギリギリのタイミングまで動くのを我慢します。「下は左側に行くけど上は右側に残る」という瞬間が作られることで、上下が逆方向に捻れて "ひねり" や "うねり" のパワーが生まれていくわけです。

　下半身のステップと同時に上半身も前へ出て回っていくようだ

CHAPTER. 2 ▶ 打席でのスイング技術

と、手が体に近づいてしまうので「捻転」の動きがなく、スイングの強さは出せません。逆にヒッティングポイント（左足が着地したライン）からの距離が長ければ、バットがラインへ入れやすくなる上に、捻転差が大きくなってパワーも生み出しやすくなる。だからこそ、僕はできるだけトップを深く取ってキープしたいと思っているのです。

ただし、左足とグリップの距離については、必ずしも長いほうが良いとは限らないです。僕の場合はどちらかというと手足の動きが

上下が連動して捻転するイメージ

下半身はステップによって前へ行きながらも、上半身はギリギリまで手を深く引いた状態でキープする

カカトの踏み込みと同時に手が出ていき、体が回って体重移動。捻り戻しのパワーを一気に伝える

BATTING BIBLE

ワーッと外へ広がっていくタイプなのでしっかり距離を取れますが、そうじゃないタイプの良い打者もたくさんいるので、個人差があるものだと思います。また、僕は決して意識的に「捻転差を作ろう」としているわけではありません。もちろん頭では理解していますが、そのイメージを持ちすぎると上半身の動きが間に合わなくなるケースも出てくる。結局は下半身と連動しなければ意味がないので、どうすればしっかり捻転して打てるのかという部分を説明することはできないですね。

　さて、捻転した状態からカカトを踏み込んで回転が始まっていくときは、今度は逆に体の左右をクロスして締めていく感覚があります。一瞬だけやや窮屈な感じにはなりますが、左側をしっかり我慢して止めることで右側が一気に出ていく。そんなイメージですね。

体の右側の入れ方

体が回転していく際、一気にただクルッと回るだけでは肩のラインがズレてしまう。だからこそ、左右をクロスさせるようなイメージで体の右側を入れていくことも大切。右ヒジが一瞬だけ先にグッと体の前へ入っていき、そこから体が回ることで、左肩を我慢しながら右肩を出していくことができる

CHAPTER. 2 ▶ 打席でのスイング技術

　僕の場合で言うと、左脚や左腰などは着地すれば自然と止まってギュッと締まっていくので、意識するのは左肩の動き。右肩だけ「出そう、出そう」と意識していると、右肩が出る瞬間に左肩もパッと動いて「肩のライン」がズレてしまいます。こうなると体は開くし、バットも出てこないし、良いことはありません。ですから左肩を意識しておいて、一瞬、「右肩が出ていくけど左肩が止まっている状態」を作ります。そのために大事なのは、最初に右の肩口から右腕だけが少し入っていき、そこから体が回っていくこと。右ヒジをみぞおちあたりへグッと入れていく感覚ですね。これは、実はボールを投げる動作でも同じこと。トップをしっかり作った上で、「右側は行くけど左側はちょっと我慢する」ということはメチャクチャ大事だと思います。

<バットスイングの軌道>

下から振り上げながらボールの見方で打つ角度を変える

　スイング軌道は前にも言ったように「投球のラインに対してバットを後ろから早めに入れてスイングを長くする」というイメージで、具体的には右足あたりにバットを振り下ろしていくような感覚を持っています。ボールはもちろん前から向かってくるわけですが、「後ろも少し振りながら前を大きく振る」ということが大事だと思っているので、どちらかと言うとバットを「前に強く出していく」というよりも「下に強く落としていく」。そういうイメージを持っていれば手や頭が自然と右側に残り、体の突っ込みも生まれにくくなります。

そして、先述した「右ヒジが一瞬だけ先に入っていき、それから
体が回っていく」という感覚も大切ですね。どのコースに対して
も、バットを振り出していくときの右手の動き方は一緒。スイング
軌道はやはり安定させたいので、自然と45度くらいの角度でライ
ンに入っていくイメージは抱いています。決して「こうやって使お
う」などと細かく意識しているわけではありませんが、僕は普段か
ら常にバットをボールの内側に入れるイメージで練習を続けている
ので、自然とヒジも内側に入っていきます。

　さらに「右軸」を意識して打つようになってからは、右肩を少し
下げてバットを下から振り上げていくという感覚もだんだん強く
なっていきました。「左軸」のときはやはり前で打つイメージがあっ
たので、少し上からボールを見てバットも上から出していく感覚。
だから今の打ち方を写真などで見ると、昔よりも上体が少し前かが
みになっている印象があります。こうした変化もあって、練習では
あまりゴロを打たなくなりましたし、打球が上がりやすくなったと
いう実感はありますね。

　特にプロ野球の場合は180センチ以上の長身投手がたくさんい
て、しかもマウンドに上がって上から角度をつけて投げ下ろしてく
ることが多いわけで、その軌道に対してバットをレベルに入れてい
くことを考えると、上体を傾けて少し下から振るのは自然なことだ
と思います。ただ、気を付けなければならないのは、ボールの下に
潜りすぎてしまうこと。近年の僕はその傾向が出てくることもある
ので、その都度、姿勢を見直したりしています。

　そして修正法としては、ボールの見方も重要です。基本的には
ボールを時計に見立てて「７時」の位置を狙うと言いましたが、そ

CHAPTER. 2 ▶ 打席でのスイング技術

れはボールの内側にバットを入れ、なおかつ中心よりも下を狙うことで少し下から振り上げていきたいという意図があります。その一方で、打席の中で「ちょっと下に潜りすぎているな」「しっかり捉えたつもりだけどファウルばっかりだな」と感じたときは、たとえば「10時」の位置に狙いを変えたりしますね。そうすると若干、ボールを上から見られるようになります。たったそれだけの違いでも打ちに行くときの姿勢が少し変わり、実際に体が出ていく角度も変わって、バットが出ていく角度も変わる。ボールの見方1つで最終的には打ち方まで全部変わってくるので、その部分の微調整はよくしていますね。

もっと言うと打ち方のイメージだけではなく、自分が思い描いている打球によって打つポイントを変えることもよくあります。「少

バットを下へ落としていくイメージ

ミートポイントの幅が長いスイング軌道をイメージして「後ろも少し振りながら前を大きく振る」という感覚を大事にしており、意識としては「右足に向かってバットを強く落としていく」。基本的には投球のラインに対し、45度くらいの角度で入っていくイメージ

BATTING BIBLE

し低くライナーを打ちたいな」と思えば通常の「7時」を「8時」あたりに変えますし、「ライト前に打ちたいな」と思えば、バットをしっかりと内側に入れたいので「9時」になる。逆に「レフト線にライナーを打ちたいな」というときはやや外側からヘッドを返すイメージなので、狙うのは「2時」あたりになりますね。

<両手のバットコントロール>

ボールを捉える「イメージ」を重視して自然に体を動かす

　僕はこれまで両手を最後まで離さずに振っていたのですが、昨年などはフォロースルーが片手になることもよくありました。ただ、フィニッシュの形はあくまでも結果であって、どれが正しいと言え

CHAPTER. 2 ▶ 打席でのスイング技術

るものでもないので、あまり気にしていません。インパクトの後は
自然な流れでバットが進んでいけば良い。強く打とうとすればガー
ンと背中のほうまでバットが来ますし、わざわざ「両手で振って体
に巻き付けよう」などと意識する必要もないかなと。基本的には、
フォロースルーから逆算して「ここに収めよう」と考えたりもして
いないですね。ただ1つあるとすれば、ボールを下から持ち上げす
ぎてなかなか捕まえ切れていないケース。このときはフィニッシュ
を少し下げるイメージを持って練習し、実際の打席にも同じ意識で
入ります。そうすることで自然とヘッドが立ち、ガチッとしっかり
返ってくれるのです。

　と、こういったバットコントロールの技術についてはその場その
場で引き出しとして使うこともありますが、通常は「手をこうやっ
て使おう」という意識はありません。心掛けているのは構えの時点
から両手の人さし指と親指に力を入れないことと、手を右足に向
かって下ろし、45度くらいの角度でボールの軌道に入れていくイ
メージだけ。そこから先は、基本的には体の動きに合わせて勝手に
前へ走っていくものだという認識です。

　それを前提とした上で、打席内でのバットコントロールの引き出
しを増やすためには、練習のときからいろいろなイメージで打つこ
とを積み重ねておくことが大切です。そもそもバッティングという
のは投手のボールに対応していくもの。理想通りに打てることはほ
とんどないので、「こういう動きでこういうふうに打ちたい」と自
分のフォームを細かく考えるよりも、「このボールをこうやって打
ちたいからこういうイメージで向かっていく。そうしたら結果的
にこういうフォームになるよね」という感覚で、ボールを捉えるイ

BATTING BIBLE

メージを思い描いていくほうが良い結果につながりやすいと思っています。

　イメージの作り方で言うと、たとえばインサイドに来たボールを打つときは、僕は前にも言ったようにボールの内側からバットを入れ、ヘッドを返さずに面をそのまま押し出していくというイメージを持っています。しかし、普通にバットを出していこうとすると、真横に切るようにしながら最後は右手をかぶせる形になってしまいます。バットを内側へ入れて面を押し出していくためには、右手を下げて左ヒジを上に抜き、少し下からバットが入るようにしなければなりません。それを追い求めていくと必然的に、右のワキをしっかり締めながら左のワキが大きく空く形になるわけです。最初から「左のワキを空けて打とう」と思っていたのではないわけで、まさに「こういうイメージで打とう」と思った結果、体が動いて自然とそういう形で振れるようになったという典型的な例です。

　なお、よく「高めは前のワキを締めないと打てない」と言われますが、決してそんなことはないというのが僕の考えです。もちろん

フォロースルーはあくまでも結果として現れるだけなので、基本的には気に掛けることはない。ただ、普段の練習でフィニッシュの形を意識してイメージを作ることはあり、たとえば下からボールを持ち上げすぎてインパクト後の捕まりが悪いときなどは、フォロースルーの位置を少し下げることでヘッドを立てやすくしたりする

CHAPTER. 2 ▶ 打席でのスイング技術

「ワキを締めて叩く」という打ち方が合っている人もいるとは思います。ただ、普段から前のワキが空いた形で打つ人というのは、高めを打つときもやはりワキを空けています。たとえば柳田悠岐選手（ソフトバンク）などは高めでも大きくワキを空けながらガーッと振り上げていますし、僕も実際、2016年に当時日本ハムの大谷翔平投手（現ドジャース）から打った通算250本目の二塁打などは、高めの直球に対して左ワキを大きく空けていた記憶があります。こ

内角高めを強く打つスイング

インコースの球や高めの球を打つ際、個人的には前のワキを大きく空けた打ち方をすることが多い。これは「ワキを空けて打とう」と考えているわけではなく、ボールを面で捉え、少し下から押し込んでいくというイメージによって自然に反応しているもの。なお、後ろのワキはしっかりと締めなければ強く押し込めない

BATTING BIBLE

れもやはり「形」ではなく「イメージ」が一番大事で、高めの打ち方であっても正解はないのかなと思いますね。

　また、インパクトでの力の伝え方のイメージとしては、普段は右手で押し込んでいく感覚なのですが、状況によって左手で引っ張っていく感覚に変えることもあります。もともと「左軸」のときは左手でリードしていくイメージが強くて、「右軸」にした途端に右手で打つイメージが強くなったという経緯があり、どちらも経験して

CHAPTER. 2 ▶ 打席でのスイング技術

きたので2つを使い分けられる。この部分は僕の強みかもしれません。ちなみに僕は野球をするときは右投げ右打ちで、サッカーやボウリングや卓球などスポーツ系はすべて右をメインに使っていますが、基本的には左利きで、字を書くのも箸を持つのも左手。だから器用に扱えるのかなと思われるかもしれません。ただ正直、そこはあまり関係ないですね。

　これは僕の感覚なのですが、左手で打つイメージを強くするとレフト方向へのヒットが増え、右手で打つイメージを強くすると右中間などに強い打球が飛びやすくなる気がします。そのメリットを理解し、「右手が強すぎてなかなか左へ引っ張れないな」というときは前者に切り替えたりしています。ヒジを支点にして手の甲でパーンと前へ払っていくような感覚なので、手首が立ってヘッドを返しやすくなるのです。ただし、左手で強く打つ場合はダウンスイングになりやすく、逆方向にもあまり飛ばせないという印象。したがって、先ほども言ったように通常は後者です。ボールの内側に右手を落としながらポンッと入れ、面を長くつけて押し込んでいくイメージ。実際にインパクトの局面では「ボールが当たってから押し込む」という意識もありますね。

右手で押し込むときのイメージ

左手で引っ張るときのイメージ

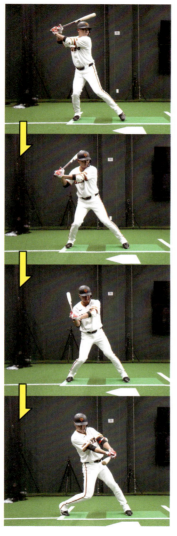

右手で打つイメージを重視した場合はボールに当たってからさらにグッと押し込む感覚が生まれ、逆方向に強い打球が飛んでいくことが多い

左手で打つイメージを重視した場合はヒジを支点にして左手を払いやすくなり、手首が立ってヘッドが返るので、引っ張り方向に強い打球が飛んでいく

CHAPTER. 3
試合における思考

「相手が良い投手であるほど、
狙い球を絞る"目付け"が重要。
いかに甘いボールを投げさせて
その1球を逃さずに捉えるか」

CHAPTER. 3 ▶ 試合における思考

ネクストバッターズサークルで行うのは
タイミングを合わせる作業
打席では1球ごとに素早く頭を回転させて
次の球に備える

　試合で打席に入っていくまでの話ですが、僕の場合はルーティーンのようなものは特にありません。ネクストバッターズサークルでの準備としては、とにかく投手が投げている姿を見ながらタイミングを取ること。それしか考えていないですね。あとは試合前の練習などでやってきたスイングのイメージで素振り（P123〜126参照）をし、その感覚で打席に入っていきます。

　試合ではとにかく投手とのタイミングを重視していますが、常に集中しているわけではなく、しっかり合わせ始めるのはネクストバッターズサークルに向かっていく1つ手前。準備を整えてベンチ内で待機しているあたりからです。それまでは試合を見ながら「今日はこの球種が多いな」とか、「右打者に対してはこういう攻め方か。じゃあ自分に対してはこういう感じで来るかな」などと考えています。特に他の右打者への配球は必ず見るようにしていますね。それと相手の投手だけでなく、捕手が誰なのかということも重要です。プレーしている年数が長ければ長いほど、捕手もこちらの特徴や傾向を分かっていて、「こういうときはこうやって対応してくるよね」とも思っているはず。打席での勝負は"捕手との戦い"でもあります。それを踏まえて試合を見ていると、投手の雰囲気によって「自分の意思ではないな」「（サインに対して）わざと首を振らされているな」というのが分かってきます。

　こういう準備をした上でいざ打席に入ったら、僕は投手のフォー

ムにタイミングを合わせるイメージを思い描きながらも、1球ずついろいろなことを考えています。たとえばよくあるのは「ここはこういう目付けをして、頭と右ヒザはこの位置で振らないとダメだぞ」と意識すること。逆に体のことを気にしなくても問題ないのであれば「次は何が来るかな」と配球を考えたり、「目付けはどうしようかな」とイメージのほうの調整に集中したりもします。そんな中で悪いスイングが出たりしたら「あぁ、ダメだダメだ。こっち（体の使い方）がダメだぞ。右ヒザと頭を動かしたらダメだ」と、その1球でまた意識を体のほうへ戻したり。あるいはスタンスやステップ幅、ボールを捉えるイメージなども調整しますし、タイミングが合っていなければ「1、2〜、の〜、3!」というリズムの中で間合いを少し変えたりもします。とにかく打席では1球1球、細かい

ベンチ内で試合を見ながらその日の配球の傾向などを確認したら、ネクストバッターズサークルに入っていき、投手のフォームにタイミングを合わせることに専念。そして、頭の中を整理して打席に臨んでいく

CHAPTER. 3 ▶ 試合における思考

　修正などを繰り返しながら、結果として打てるか打てないか。それを見て、また次の打席ではどこをどう変えていくか判断する。その繰り返しですね。

　ただ、そうやって幅広く対応しようとしても打てないときは打てないですし、数字としては良くても3割。やはりバッティングは難しいなと思います。当然ですが相手バッテリーも打者を崩そうとしているわけで、裏をかいてくるときもあります。こちらもできるだけ「崩れないように、崩れないように……」と考えてはいますが、もちろん実際の打席になれば崩されることが多い。それでも何とかすぐに修正して、また次の球には「できるだけ崩されないように」と、何度も対応し続けていかなければなりません。だからこそ、頭の中を素早く回転させて、次から次へといろいろなことを考えていますね。見た目では分からないと思いますが、これまで結果を残してきた打者の人たちもみんな、打席内では頭の中をバンバン回転させているはずです。

　具体的にどういうことを考えているのかと言うと、たとえばストレートを打ってファウルになったとしましょう。その場合、「今はこのコースのストレートに対してこういう感じのファウルを打ったから、この捕手はこういうボールを投げさせてきそうだな」と思い浮かべ、ストレートを続けてくるのか変化球に切り替えてくるのかを判断して、次はそれを狙い球として考えていきます。しかし、そこで投手がパッといきなりサインに首を振ったりして「ん？（ストレートと変化球）どっちだろう？」と迷いが生まれるようなら、今度は「じゃあ打つのをやめておこう」とあえて1球見逃していく選択肢も生まれます。カウントを追い込まれている場合は迷いがあっ

BATTING BIBLE

ても振っていくしかないのですが、2ストライクになっていなければ、そうやって瞬時に切り替えたりもします。そしてもちろん、常にそうやって狙い球ばかりを絞っているわけではなくて、基本は「ストレートを待ちながら変化球に対応する」。ですから、変化球を見逃して普通にボール球になったら「じゃあ次はまた（来る可能性が高い）ストレートから入っておこう」と、オーソドックスな待ち方に戻したりもします。

　あとはやはり、自分の感性やデータなどからパッと閃くときもありますね。たとえば基本のスタイルでストレートを待っていながら、瞬時に「ここは変化球が来そうだ」と感じることもありますし、初球の変化球がボール球になったとしても「ここ数試合で（あるいは前の打席などで）ストレートをしっかり打っているから、そう簡単にストレートは来ないでしょ」と考えたりもします。そういうことが打席内の一瞬でパパッと頭に浮かんでくるようにするためには、普段からいかに周りに対してアンテナを張っているか。自分のバッティングのことだけを考えていたら視野が広がらず、なかなか気付けないと思います。

　僕はたとえば守備に就いているときなども、「こういう打者はこういう反応をするんだな」という部分を見るようにしています。そこに目を向ける習慣があれば、いざ自分に打席が回ってきたときに相手バッテリーの反応や自分の反応など、いろいろなことに気が付きやすい。逆に外から見ているときにそういうものを感じられないようでは、打席内で自分を客観的に捉えることもできないですし、自分の反応さえも分からないので修正することもできません。何をしていても自分が"野球"の中に入っているかどうか。そして常にア

CHAPTER.3　　▶ 試合における思考

ンテナを張り、人の反応などを見て何かを感じ取っていくことが大事だと思っています。

守備に就いているときなども相手打者にしっかりと目を向け、微妙な変化や反応の仕方などを敏感に察知するからこそ、自分の打席でもさまざまなことに気付くことができる

狙い球を絞るときは経験の中から
成功しやすいイメージを選択する
基本スタイルはインハイのストレートに合わせながら
変化球に対応

　打席でのボールの待ち方について、もう少し詳しく話していきましょう。基本は先ほども言ったように、一番速い球（ストレート）に合わせておいて変化球に対応すること。つまり「来た球に反応して打つ」という考え方で、8割方はこのスタイルで臨んでいます。そして、対応が難しい投手の場合やカウントによって次に来る球が分かりやすい場合などは、もちろん「狙い球を絞る」という方法に

も切り替えます。狙い球は状況によってさまざまで、1打席を通していくときもあれば1球ごとに変えるときもあります。ただ、いずれにしても、その球に合わせて打ち方を大きく変えようとするわけではありません。他の要素をすべて捨てて狙い球を打つためだけのスイングに切り替えるということではなく、通常よりも頭を回転させていろいろなことをバーッと考えた上で、狙っている球がより打ちやすくなるように自分の中の"イメージ"を変えていくのです。

たとえば相手が右投手で、スライダーが狙い球だとします。スライダーというのは普通に軌道をイメージして待っているだけだと、「あっ、来た!」と思って強く打ちに行ったとき、思っていたよりも打つポイントを体の手前まで入れすぎてしまうことがよくあります。これはカーブでも同じ傾向があって、しっかり狙っていても実

スライダーやカーブなどを狙って待っている場合、実際に「来た！」と思って強振すると打つポイントが少しズレてしまうことが多い。だからこそ、軌道だけでなくヒッティングポイントをしっかりとイメージする

CHAPTER. 3 ▶ 試合における思考

際にカーブが来てみると、ポイントを入れすぎてポップフライになってしまったりする。僕はそういう失敗をたくさん経験してきたので、スライダーやカーブを狙うときにはまず、打つポイントをしっかりとイメージするようにしています。

　また、ボールの捉え方のイメージも狙い球によって変えています。たとえば右投手のツーシームなどを狙う場合は、しっかりとボールの内側にバットが入らなければ打球が上がってくれないので、「ボールの内側を打とう」と強く意識します。一方でスライダーを狙う場合、あまりにもボールの内側を意識しすぎると結局はポイントを手前に入れてしまい、平凡なライトフライになりやすい。ですから、通常よりもボールの中心寄りを打つイメージになります。さらに言えば、狙い球が来たからと言ってすべて振るのでは

シュート系の球種を狙う場合は、ボールの内側にバットをしっかりと入れなければ打球が上がらない。したがって、通常も時計の針の「7時」の位置を打つイメージではあるが、それ以上に「ボールの内側」と強く意識する

なく、「この位置から変化する軌道の球だけは振りに行く。そこから外れたら振らない」などと目付けもしています。そうやってボールの見方を変えるだけでもスイング軌道は自然と変わっていくので、「こうやって打とう」という体の使い方の部分は考えません。「このボールを狙うときにはこういうイメージが成功しやすい」という要素をいろいろ考え、1球ごとにスイッチを入れ替えていろいろな待ち方をしていく感覚ですね。

とは言え、基本はあくまでも「ストレートを待ちながら変化球に対応すること」です。プロの世界になると「変化球をマークしながらストレートを打つ」といった高等技術を持っている打者もいますが、何度も同じ相手と対戦しているからそのイメージが湧いてくるのであって、初対戦の投手に対してはやはり難しい。まずは速い球を待ちながらいかに変化球を拾えるかという部分を磨くことが、打率を上げる近道だと思います。

ちなみにストレートを待つときも、イメージは人それぞれです。僕の場合はもともと高校時代から外角低めの変化球も振ろうとする傾向があって、ボール球に手を出して凡退してしまうということがよくありました。プロ入り後もそれが続いて安定感を欠いていたため、「このままじゃ活躍できない。外角低めのボール球を見極めるためにはどうすればいいかな」と。そして辿り着いたのが、「インハイ（内角高め）のストレートに目付けをする」という考え方です。

インサイド（体の近く）の高め（目の近く）というのはボールとの距離が一番取れないため、ストレートが最も速く感じるコースです。僕はまずそこに照準を合わせて「内アマ（内角の甘いゾーン）の高め」をしっかり捉えるイメージをした上で、手が出せる範囲の

CHAPTER.3　▶ 試合における思考

ストレートを待つときの基本イメージ

基本的にはインハイのストレートに合わせて甘いボールを捉える
イメージを持ち、手が出せる範囲のストレートは全部打ちに行く

変化球に対応するときのイメージ

変化球はインハイのストレートから変化する軌道をイメージし、
「高めの変化球しか打たない」と自分に強く言い聞かせる

ストレートは全部打ちに行きます。そして変化球も、たとえばスライダーやフォークなどは「内角高めのストレート」から変化する軌道をイメージ。インハイのストレートを待っている場合、高めに向かってきた変化球ならば何とか対応できます。一方で「外角低めの変化球（体と目から一番遠くて遅い球）」は、目付けをしているものとは真逆のボールなので、打ちに行ったところで対応が脆くなる。だからこそ「高めの変化球しか打たないよ」と自分に強く言い聞かせて、最初から反応しないようにするわけです。「外へ逃げていく球を振りたくないから体に近いボールだけ待っておく」「低めのボール球を振りたくないから高めに合わせておく」という発想ですね。また、たとえばスライダーがすごく大きく曲がる投手だとしたら、最初に打者の体のほうへ向かってきたものが外角のストライクゾーンへ収まり、甘いコースから曲がっていくものはすべて外のボール球になったりします。したがって、対戦する投手によっては「本当にインサイドから曲がっていくスライダーだけをイメージして、それ以外は絶対に手を出さない」と割り切ったりもします。

　そういう感覚で打席に立つようになったのは、時期で言うとプロ3年目の2009年あたりからです。少しずつ外角低めの変化球に対してバットが止まり、ボール球を見逃せるようになっていきました。もちろん、それでもまだまだ外の変化球を振ってしまうことはありましたが、以前よりも若干振らなくなった。この「若干」が実はかなり大きいのです。そもそも1打席の中で1つの球を「振る」のと「振らない」のとでは、意味合いがまったく変わってきます。その1球を「見逃せた」のであればボール球のカウントが1つ増え、打者が有利になる。逆にその1球を「振っちゃった」というだ

CHAPTER. 3 ▶ 試合における思考

けで、今度はストライクが1つ増えて投手が有利になります。1球の結果によって次の球に向かっていく状況が全然違うわけで、打ちたくない球を見逃すことはすごく大事だなと思います。

　さて、僕の場合はたまたま外角低めのボール球に手を出してしまう傾向が強かったため、内角高めを意識しているわけですが、逆に「外アマ（外角の甘いゾーン）に合わせておいて、インサイドに来たらパッと回転して手を払う」という人もたくさんいます。これは人それぞれなので、どちらが正解だと言えるものでもないでしょう。プロだろうとアマチュアだろうと関係なく、自分の感覚に合った待ち方を見つけるのが一番良いと思います。ただし、どんな待ち方であろうと重要なのは結局、甘く入ってきたボールをいかに捉え切れるか。特にカウントを追い込まれた場合、外に合わせている人

「内角高めのストレート」に目付けをしていくことで、真逆の「外角低めの変化球」には反応せず、少しずつボール球を見逃せるようにもなった。そうやって自分に合った待ち方を見つけ、いかに甘く入ってきたボールをしっかり捉え切れるかが重要

BATTING BIBLE

はインサイドに詰まりやすくなりますし、内に合わせている人はアウトサイドが捉えにくくなります。どちらにもメリットとデメリットがあるわけで、カウントが不利になる前に甘いボールをしっかり仕留めることはとても大切です。

**「このゾーンに来たら打つ」という
自分なりの基準を作っておき
ストレートを待ちながら
甘い変化球にも手を出せるように準備**

　先ほど説明したのは「ボールの待ち方」の基本的な考えですが、投手にはさまざまな特徴があるため、試合ではタイプに合わせて目付けを変えていくことも必要です。大雑把なところでは、まずはその投手のボールの出どころへ目を向けて、来た方向に打球を返していくというイメージを持っています。したがってオーバースローの右投手なら左上、左投手なら右上を見ていく感覚。サイドスローやアンダースローになればその位置は当然下がりますし、角度もやはりボールが来る方向にイメージを持っていきますね。そして細かいことを言えば、持ち球によってもボールの見方は変わります。たとえば相手が右のオーバースローだとして、オーソドックスなタイプであれば基本的には自分の体から離れていく球種（スライダー、カットボール、カーブなど）が多くなるので、やはり目付けの位置を少し左上にして外角低めを死角にしていきます。ただ、体のほうへ向かって来るシュート系の球種（シュート、シンカー、ツーシームなど）を多く投げてくる場合は、その軌道に合わせて少し調整しなければなりません。

　こういった目付けのイメージは、僕は高校時代まではあまりでき

CHAPTER. 3　　▶ 試合における思考

ていなかったですね。しかしプロの世界に入り、変化球のレベルが一気にグンと上がったりして、「普通に打ちに行ったらボール球も全部振っちゃうなぁ」と。そこから「こういう投手のときはこうしよう」と、目付けの種類をたくさん考えて増やしていきました。

　そもそも"目付け"というのは何かと言うと、「この辺に来たら打ちに行くよ」とイメージすることです。そのためには当然、投手のリリースポイントあたりは絶対に見ておかなければなりません。また、あらかじめ「このあたりのゾーン（空間）を通れば振りに行く。そこから外れたら振らずに我慢する」という自分なりの基準を作っておく。そして、リリースポイントからボールがどういう軌道で飛び出してくるのかを見て、自分がイメージしている軌道と照らし合わせて実際に打つかどうかを判断します。

　たとえば良いスライダーを武器にしている投手が相手だとしたら、まずはそのスライダーの軌道をイメージし、「この右投手のスライダーはここ（たとえば真ん中より左側）からの軌道を打つ。ここ（真ん中より右側）からの軌道は打たない」といった基準を考えます。もちろん決してストライクを全部打つ必要もないわけで、「ここ（真ん中より右側）からの軌道のスライダーはボール球になるから全部振らない」というイメージのときもあれば、打ちに行く範囲をさらに狭めて「外角の厳しいコースにストライクが決まってしまったらどっちにしても打てないから、ここ（真ん中より少しだけ左寄り）からの軌道も捨てよう」と考えるときもありますね。こうして自分なりにスライダーの基準をハッキリさせたら、今度はストライクゾーンの9マスを思い浮かべて「外のスライダーには手を出さないように左上の4マスを待とう」と意識。最終的にはスト

レートも含め、その4マスのゾーンへ入ってくる球をイメージして狙っていきます。また実際のところ、肩口からインハイに入ってくるスライダーなどはリリース後に一瞬、自分の体のほうへ向かってくるものです。したがって、単純に「真ん中より左側からの軌道を打つ」だけではなく、「最初に左側へ大きく外れてから曲がってくるボールもある」などと、軌道のイメージをしっかり持っておくことが大切です。

なお、僕はあくまでもストレート（速い球）にタイミングを合わせて変化球（遅い球）に対応していくスタイルなので、基本的にはインハイのストレートを待ち、さらに手を出せる範囲のストレートも全部打ちに行くという姿勢は変わりません。ただ、その中でスライダーにも目付けをして、「4マスに来たらスライダーも行くぞ」と意識しておく。そうすることで、いざスライダーが来たときにポンッとバットを出すことができるのです。ストレートの軌道とタイミングをイメージしているだけでは、パッと変化球が甘く入ってきたときに手が出せません。だからと言って、頭の半分くらいまでその変化球のイメージに支配されると、今度はストレートにまったく対応できなくなる。だからこそ、体の動きはストレートに合わせて準備しながらも、頭のどこかで2～3割くらい変化球のイメージを持った状態にしておく、ということが大切だと思っています。

さらに言うと、プロの世界には球種をたくさん持っている投手ばかりいますが、だからと言って初球からいきなり決め球のフォークをバンバン投げてくるようなタイプは少ないものです。したがって最初のうちは「ストレートとスライダー」とか、投球の軸となる2球種くらいをイメージして打ちに行くことが多いですね。そして、

CHAPTER. 3 ▶ 試合における思考

　カウントを追い込まれた場合はもちろんすべての球種に対応していくわけですが、対戦を重ねていくうちにだんだん傾向も分かってきます。たとえば「追い込んだらフォークが多い」というのであれば、2ストライクからは「フォークとストレート」というイメージに切り替えたり。そういう準備の仕方をしています。

　ただ、それでもやはり良い投手を攻略するのは難しいもの。ギリギリまで球種の見分けがつかないことも多く、しっかり目付けをしている中で「ストレートだ」と判断して打ちに行ったらそこから鋭く変化するカットボールだった、なんてこともよくあります。でもそうやって打ち損じてしまった場合は、それだけ相手が素晴らしい投手だったということなので、仕方ないと割り切っています。その代わり、自分が目付けをしているゾーンにイメージ通りのカットボールが来たときだけは、ストレートのタイミングで振って「あ、真っすぐじゃない、カットだ!」と思っても、あらかじめそのイメージをしているのでしっかり打ちに行ける。2球種をイメージするというのは、そういうことです。

　相手が良い投手になればなるほど、すべてのボールを待っていたら打てる確率はどんどん下がってしまうので、目付けはすごく重要です。もちろん、打者が待っているところにはなかなか投げてくれないでしょう。しかし、それでも目付けをして際どいところの変化球などに「我慢、我慢」と対応し、ボール球をしっかりと見逃し続けていく。そうすれば投手もだんだんストライクを取ろうとしてくるため、必然的に甘いボールが増えてきます。その甘いボールを一発でドーンと仕留められなければまた自分が苦しくなってしまうわけで、こっちは最初からずっとそれをイメージして待っておかなけ

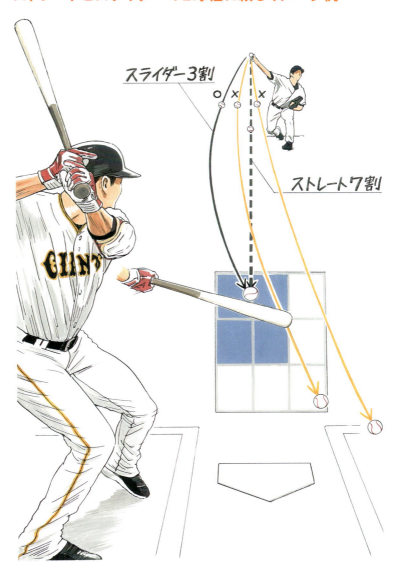

CHAPTER. 3 ▶ 試合における思考

ればなりません。基本は「いかに甘いボールを投手に投げさせていくか」「いかにその1球を逃さずに捉えるか」。だから目付けが必要なのです。

好投手との対戦では
ストライクゾーンの感覚をあえて絞ることも
状況に合わせて「強打」や「軽打」など
さまざまな引き出しを使用

　目付けの方法は他にもいろいろあると思いますが、いずれにしてもある程度の割り切りは必要です。

　たとえばどうしても低めのボール球に手を出したくない場合、そのまま「低めをしっかり見極めよう」と意識するとそっちに目が向いて、高めにも反応できなくなってしまいます。だから「低めを打たない」ではなく、逆に「高めを全部打つ」という意識に変えていく。いわゆる「（狙う）ゾーンを高めに上げる」という感覚で、低めのゾーンを視界から消すくらいのイメージにするのです。そして、低めのボール球を振らなくなる代わりに高めのボール球を振ることにはなりますが、そこは「仕方ない」と言い聞かせます。「低めも振るな、高めも振るな」で打つのは絶対に無理。一方を取るためにはもう一方を捨てなければなりません。高めのボール球に手を出したくない場合はもちろん「ワンバウンドでもいいから低めを全部打つ」という意識が良いと思いますし、こういうイメージで打席に立てば気持ちとしても楽になります。

　ちなみに攻略が難しい投手の場合、僕はそれこそ"割り切り"で、目付けの範囲を絞ることもしています。たとえば追い込んだ後の決め球の変化球がかなり良い投手であれば、2ストライクからはあえ

てストライクゾーンの感覚を自分の中で狭めて、そこ以外のボールは振らない。「最悪の場合、四隅にきっちりストレートが来たら見逃し三振になってしまうけどごめんなさい」くらいのイメージで待って、その代わり、とにかくボール球の変化球を追いかけないようにするのです。一般的にはよく「追い込まれたらストライクゾーンを広げて待つ」とも言われますが、僕の場合はそうするとボール球の変化球にも必ず手が出てしまうので、基本的には変えずに行くか、もしくは絞るかの2択です。また、そもそもプロ野球の場合だと、一軍で投げている投手はみなボールの質が一定の水準を超えています。コントロールの良し悪しなどで投球内容に差は出るものの、基本的に球質そのものはレベルが高い。それに対して自分からストライクゾーンのイメージを広げても、あまり良いことはありま

通常の"目付け"の感覚

範囲を絞った"目付け"の感覚

CHAPTER.3　▶ 試合における思考

　せん。もちろん、走者がいて何とかバットに当てなきゃいけないとか、そういう状況であれば話は別。ただ、走者なしで「四球を選びたい」とか「長打が欲しい」というときには、追い込まれたらむしろストライクゾーンを絞っていくこともよくあります。

　それと試合で打っていくためにはやはり、目付けに限らず「こういうイメージ」という引き出しをたくさん持っておくことがすごく重要だと思っています。そして、投手と対戦していく中で「あぁ、これはちょっと打てなさそうだな」と感じたときには、いつもとは違う引き出しを出してみる。そこで「あぁ、これでもダメかぁ」と思ったら、また違う引き出しへ。そういった繰り返しをしていく感覚です。さらにその中でポンッとヒットが1本出れば、次にその投手と対戦するときには同じようなイメージで打席に入り、「あ、やっぱりこれじゃダメだ」と思ったら、また違うイメージに変えていきます。そうやって経験を積み重ねてきたからこそ、僕の中には「こういう球筋のボールにはこういう感じのイメージで行く」という選択肢がたくさんあります。もちろん、それがいつも必ず成功につながるわけではありません。ただ、頭の中で投手の持ち球や軌道などをしっかり理解し、それぞれの対戦相手に合わせていくという作業はすごく大事です。打者は基本的に受け身の立場ですし、イメージ通りに振らせてもらえることは少ないもの。ひたすら"自分のスイング"だけをしようとしていてもなかなか結果は出にくいので、やはり相手にできるだけ合わせていくことを大切にしています。

　そういう意味では、相手の先発が特殊な投手の場合などは、たとえば試合前の打撃練習で「今日は手元でボールが動く投手だからていねいに低い打球を打っておこう」とか「今日はキレがあって打ち

にくい左投手だから逆方向へコンパクトに打っておこう」と、普段とは少し意識を変えて調整したりもしますね。ただし打席でのスイングで言うと、基本的には全部強く振りに行った中で結果的にバットが良い角度で入ればホームランになったり、少し打ち損じたものがヒットになったりツーベースになったり。そういう感覚なので、長打狙いや単打狙いで「こういうときにはこうやって振ろう」と体の動きを使い分けるような意識はありません。2ストライクまで追い込まれたらコンタクト重視の"軽打"をしていくときもありますが、そのときもスイング自体はまったく同じ。変えるのはグリップの握りとボールを打つポイントと、あとは気持ちの部分ですね。基本的な"強打"の場合はグリップエンドから指1本分を空けて握り、通常のヒッティングポイントをイメージして「強く振る」。一方で"軽打"の場合は指2本分や3本分などとバットをさらに短く握り、打つポイントを少し手前に寄せて「ここは強く振らなくていい」と考えます。そうすることで楽な気持ちになれますし、短く握っているのでバットもより扱いやすく、また打つポイントを変えているので、わざわざ自分で意識しなくても自然とスイングが少し変わっていきます。

　また、「困ったらセンター返し」とよく言われますが、これもバッティング自体をコンパクトにするための言葉だと思っています。センター返しというのは、バットとボールを90度に当てて実際にセンターへ打球を飛ばすということではなく、「外のボールも内のボールもすべてセンター方向へ打ち返そう」と意識すること。そうするとボールが来る方向に対して真っすぐ体が入っていくようになり、さらに打つポイントへ向かってパチッとバットが必ずコンパ

CHAPTER. 3 ▶ 試合における思考

クトに入ろうとするのです。だからみんな「センター返しをしなさ
い」と言うのであって、決して「絶対にセンター方向へ打ち返さな
きゃいけない」というものではない。センター返しの意識がある中
で左に引っ張ることもオッケーだし、右に流すこともオッケー。僕
はそう思っています。

　打球方向に関して言うと、状況によっては決めた方向をイメージ
して打つこともありますが、基本的に試合ではフェアゾーンの90
度を広く使えたほうが良いと思っています。ただし、試合で誤差が
生まれることも考えると、普段は狭い範囲内できっちり飛ばせるよ
うに準備しておきたい。ですから特に練習のときは、センターを中
心に45度（右中間から左中間まで）くらいの角度の中で打てるよ
うにしたいと考えています。たとえばインサイドでもレフトへパッ
と引っ張るのではなく、面を押し出して左中間へ持っていく。アウ
トサイドの場合はライトへ流すのではなく、ヘッドをグッと入れて
右中間へ。そういう感覚ですね。そして試合では、スイングの形を
崩されていく中でも、ライン際の打球がファウルゾーンへ切れてい
かないようにするというイメージも持っています。レフト線の打球
はやはり面を残して押し出すことでスライス気味に。ライナー性の
ヒットだと大体ドライブしてしまうのでなかなか難しいのですが、
高く上がったホームランなどは上手くボールの下に入れられている
ので左へ切れずに伸びていきますし、たまにレフトポール際でいっ
たん左（ファウル）へ切れていったものが右（フェア）へと戻って
くるときもありますね。一方、ライト線の打球はバットを内側から
入れると右へ切れてしまうので、ボールの外側を打ってフック気味
にヘッドを入れていくイメージです。

BATTING BIBLE

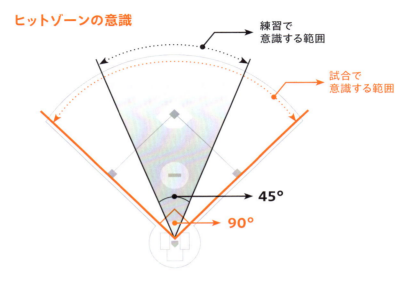

　さて、こうして打席の中でいろいろと考えながら打っていくわけですが、先述の「何とかバットに当てなきゃいけない状況」などではどれだけタイミングを外されたとしても、とにかく粘らなければなりません。そういうときの最終手段は、やはり手の動き。最後の最後は小手先でバットを操作するしかないですね。ただし、ヘッドが簡単にクルッと返ってしまうとノーチャンスになるので、できるだけヘッドが残った状態で粘って最後に返すことが大事になります。だからこそ、僕は普段から「ボールの内側に入れよう」と意識しているのです。変化球が来て体勢を崩されたときも、バットを内側に入れようとしていればその分だけヘッドが残り、ボールに当ててからポーンと返すことができる。最後は左手1本になったりもしますが、それでも引っ掛けすぎずに三遊間へ上手く飛んでラッキーなヒットになってくれたりします。

CHAPTER. 3　　▶ 試合における思考

バッティングが不調に陥ったら
まず体のコンディションを整える
そこからメンタルを整え、
頭の位置が動かないように技術を追求

　プロ野球は1シーズンが半年以上と長いので当然、時期によってバッティングの調子にも差が出てきます。そんな中でも意識としてずっと変わらないのは、頭の位置です。試合を重ねていくとどうしても知らない間に体が少しずつ投手方向へ寄っていき、打つ瞬間に頭が左側へ動いてしまう。そうなると低めの変化球に手が出る、ストレートに詰まる、上体が突っ込んでバットがスムーズに出てこない……と、良くないことばかりになってしまいます。だからこそ下半身を安定させて、いかに右側へ頭を残して打ちに行けるか。そこは常に大事にしていますね。

　投手寄りに頭が動いてしまうのはメンタル面が原因になるときもありますが、コンディションの問題もすごく大きいです。バッティングで調子が崩れていくときは基本、体が疲れてきて右側に力が溜まらなくなり、ちょっとずつ緩んで頭が左側に寄りやすくなっていくもの。下半身に見えない疲れが溜まっていたり、また毎日試合を続けている中で微妙に体のバランスがズレてきたりという部分が原因になっていることは多いので、僕はコンディション不良を感じた場合、バッティング練習をたくさんやって体の使い方を修正するよりも、まずは体の状態を整えることを重視します。ケアをして疲労を取り除くことはもちろんですが、体幹のトレーニングや体のバランスを整えるエクササイズなどをしっかり積み重ねていく。状態が悪いときは特に股関節の位置や肋骨の位置がズレて通常よりも上

がっていたりするので、しっかり落としてもう一度良いポジション
に収め、軸脚に体がちゃんとハマるようにしていくわけです。

　そしてコンディションを整えたら、メンタルの部分も整理して試
合に臨んでいきます。「ここは絶対打ちたい」とか「バットに当て
なきゃダメだ」という場面になればなるほど、打ちに行く気持ちが
強くなってボールに近づいてしまうので、「困ったときほど頭を残
す」「調子が悪いときほど頭を残す」。そうやって打席の中で何度も
唱えていますね。状況によっては「この場面ではこうしなきゃいけ
ないな」などと考えることがたくさんあり、自然と頭の位置のこと
を忘れてしまうこともあります。それでも通常のケースで何度も
唱えて意識していれば、ボール球の変化球を振ってしまった瞬間に
「あっ、ダメだダメだ。頭の位置だ」と、１球ですぐ気付けるよう
になります。

　僕の場合だと、試合のときによく考えているのは「頭の位置が動
かないようにする」「軸脚をしっかり意識する」「トップをしっかり
深く取る」くらいです。ベンチの中やネクストバッターズサークル
にいるとき、また打席に入る直前などもそれを自分によく言い聞か
せています。先ほども言ったように打席では毎回毎回しっかりポイ
ントを押さえていられる状況だとは限らず、常に思い出していく習
慣をつけておかなければ、ふとしたときに忘れて失敗してしまうの
です。そして疲労が溜まっていたら、やはり頭では分かっていても
体がその通りに動いてくれないので、コンディションを整えること
は必須。特にスランプに陥った場合などは、まずは体を整え、その
上で頭の中を整理し、それからバッティングの技術練習に取り組む
という順番が一番の近道じゃないかなと思っています。

CHAPTER. 3 ▶ 試合における思考

　ちなみにシーズンの中では、疲労を感じるのとは逆のパターンで、体が軽すぎてフワフワ浮いてしまって結果が出ないというケースもあります。そういうときはもちろんトレーニングなどで体に刺激を入れていくのですが、その日のうちに重心が固まって急激に良くなるということもなかなかないので、ある程度は継続していくことが大事になります。さらに試合では打席の中でスタンスを変えたり、タイミングの取り方を変えたりしながら投手に対応していく。そのために練習のときから脚を高く上げたり、すり足で打ったり、ノーステップで打ったりといろいろな打ち方をしているわけです。そうやっていくことで数日後にようやく「ちょっと使い方が良くなってきたな」と感覚を得られることが多いですね。

バッティングが不調になったときは、頭が投手寄りに動いてしまっていることが多い。だからまず体のコンディションを整え、しっかりと右側に軸が作れるようにする。打席では「打ちたい」と焦る気持ちを抑え、「困ったときほど頭を残す」と何度も唱える

1球ごとに反省点をすぐ解決し、
頭の中をすぐに切り替える
力が入りやすい場面でこそ、
意識するのは技術的なポイント

　野球というのは1球ごとに状況が大きく変わるもので、頭の切り替えが重要なスポーツだと思っています。ですから、たとえばボール球に手を出して凡打をしてしまったとしても、ベンチに帰ってきたときや守備に就いているときなどに「なんでさっきの球に手を出してしまったんだろう」と振り返ったりはしません。もちろん、試合が終わってからは「どうしてあの場面であの球を打てなかったんだろうな」などと分析することもあります。ただ、試合中は深く考えない。と言うよりも、僕はそもそも打席の中で頭をバンバン回転させて「今はこの部分がこうなっていたからこういうバッティングになったんだ」「こう思っていたから今の球には手が出なかったんだな」と1個ずつ瞬時に解決し、「じゃあ次はこうしていこう」とすぐ次の球へ向かっていく感覚。気持ちの部分だけで言えば、打てなかったら当然悔しいですし、嫌な気分を引きずってしまうこともありますが、反省自体は1球ごとに終了しているので、頭の中はパッと切り替えられています。

　メンタルの部分で言うと、調子が良いときはタイミングがバッチリ合っていて何をやっても上手くいくので、余計なことは考えなくて済みます。集中力が高まって「ボールが止まって見える」とか「ゾーンに入る」といった感覚まではよく分かりませんが、楽な気持ちで打席に入れるというイメージはありますね。また、良い結果が出ているときは相手バッテリーの配球も読みやすい。「今日はこ

CHAPTER. 3 ▶ 試合における思考

ういう球を打っているから同じ球は投げてこないだろう」などと選択肢を絞れたりもしますし、好循環が生まれると思います。逆に調子が良すぎるとき、たとえば「ホームランを連発した後はスイングが大きくなりやすいから、注意してよりコンパクトなスイングを心掛ける」という人もいますが、僕の場合は変に先取りすることはなく、良いときはそのまま良い流れに乗ればいいかなと。そして調子が悪くなったらその都度、対応を考えていきます。大事なのは「少し悪い傾向が出てきたな」と思ったときに「あぁ、こうなっているからだな」とすぐ原因に気付けるかどうか。そうすれば早い段階で修正できますし、そのためにも1球ずつ解決してパパッと修正する習慣は大事だと思っています。

　さらに、心構えとしてはもちろん打率10割を目指していますが、打撃では3割打てば「良い打者」と言われるわけで、守備や走塁な

打席内では頭の中を目まぐるしく回転させて、1球ごとに反省点をすぐに解決してパッと次の球へ向かっていく。そうやって瞬時に切り替えることを習慣にしながら、悪い傾向が出てきたら素早く修正をしていく感覚

BATTING BIBLE

どと違って7割近くは失敗が許されるもの。「失敗して当たり前」という感覚はありますし、結果が出ていないときは「7回失敗しても良いんだ」という部分がメンタルを切り替える意味で良い逃げ道にもなってくれます。その上で僕はいつも失敗のほうに目を向けて、「なんで失敗したんだろうな」と常に分析をしてきました。逆に成功のほうを追いかけると、良いときのバッティングフォームに意識が行ってしまう。「昔はこうだった」「良いときはこう打っていた」などと映像を思い浮かべても今の自分には当てはまらないので、それをイメージすることがあまり良いとは思いません。ですから、良いバッティングをしても「こういう打ち方をできたからホームランになったんだな」と認識する程度で、深く考えることはないですね。

　そしてたとえば接戦での大事なチャンスの場面など、「絶対に打ちたい」と力が入ってしまいやすいときこそ、僕はバッティングで気を付けているポイントを強く意識して打席に入ります。頭の位置なのか、軸脚の状態なのか、肩のラインなのかはその時々で変わりますが、とにかく「こういう場面でこういう失敗をしたらダメだよね」というところにフォーカスし、「そのためにはこういうイメージで打ったほうが確率は高くなるよな」と。具体例で言えば、ネクストバッターズサークルあたりからはすでに「低めのボール球は振らないようにしよう。そのためには体が突っ込んだらダメだから、右側にしっかり残そう」などと考え、チェックポイントを自分に言い聞かせていますね。そこに集中すれば、打席に入っても「ここで打ちたい」とか「打たなきゃダメだ」という考えは生まれず、あまり気負わずに打てるのです。

CHAPTER. 3　　▶ 試合における思考

　そもそも僕はいつも、打った後の結果のことは考えないようにしています。実際には「ヒットを打って走者を返さなきゃいけない」とか「犠牲フライでも1点だ」とか、打点を求められる場面もすごく多いのですが、そこで「1点入ったら勝ちが近づく」「1点取らないと負けてしまう」と考えると、変な雑念が入って緊張やプレッシャーにつながってしまう。たとえば一死満塁というチャンスの場面で打席が回ってきてゲッツーを打ってしまったら最悪ですが、だからと言って結果を気にしていると甘いボールにも手が出ないですし、打ったとしても強いスイングができないので、結局あまり意味がなくなってしまいます。それならば、自分なりのポイントを意識しながら思い切り振っていったほうが良い。バッティングというのはもちろん投手に対して気持ちで向かっていくことも大切ですが、技術が自分を助けてくれることも多々あるのです。だから僕はシーズン中であっても、あるいはいつもと違ったプレッシャーが掛かる日本シリーズやクライマックスシリーズ、日本代表の試合などであっても、どんな試合でもまず意識するのは自分の状態を踏まえた技術的なチェックポイント。そして相手投手のデータやその日の傾向などもしっかりと頭に入れ、良いイメージで打席に入ることに全力を注いでいます。

　もっと言うと、基本的には失敗に目を向けているので、たとえば「今日は1〜2打席目でこういう失敗をした」というものがあれば、なぜ失敗したのかという理由を考えます。そして、その部分の修正だけに集中して3打席目に入っていく。さらにその結果を踏まえ、4打席目はそのまま続けるのか、また少し変えていくのかを判断。その繰り返しを毎日続けている感覚ですね。特にレギュラーと

して試合に出ている場合は4〜5打席目まで回ってくることが多いので、1〜2打席目での失敗をいかにプラスへ持っていけるか。修正できなければそのまま3タコ、4タコとなって終わってしまうわけで、安定して結果を残すためにはやはり試合の中で修正することが重要だと思います。

　僕はここまでヒットをたくさん打たせてもらってきましたが、それでも打席に立てば毎回「打ちたいな」と思うのが打者心理ですし、目標設定やモチベーションとしてトータルの数字がどうのこうのと考えたことはありません。頭の中にあるのは「どうすれば目の前の1打席で打てる確率がより上がるのか」ということだけ。それを毎試合、毎打席、毎球、ひたすら積み重ねているという感覚ですね。

打った後の結果のことは考えず、目の前の1打席ずつに集中していく。また良いときのイメージにもとらわれず、基本的には失敗のほうに目を向けて、なぜ失敗したのかを自分なりに分析しながら試行錯誤をして修正に励む

「不調に陥ったときはまず体を整え、頭の中を整理し、
それから技術練習に取り組む、という順番が一番の近道。
打席の中では頭をバンバン回転させて瞬時に反省点を解決し、
『じゃあ次はこうしていこう』とすぐ次の球へ向かっていく」

CHAPTER. 4
準備と
練習の意識

「常に同じ練習を続けるからこそ
ちょっとした変化にも気付ける。
過去の良いイメージに縛られず、
今の自分にとってのベストを追求」

CHAPTER. 4 ▶ 準備と練習の意識

シーズン中は体をできるだけ良い状態に整えて翌日の試合へ
年間を通して練習量とコンディショニングのバランスを意識

　これまでに説明してきた通り、僕は1球ごと、1打席ごとに修正を繰り返して試合に臨んでいます。では試合後はどうやって過ごすのかと言うと、シーズン中に一軍のスタメンで出続けるのであれば、基本的に技術練習はしません。もちろん、その日のバッティングを振り返って反省はしますし、シーズン前のオープン戦や紅白戦などの場合は試合後にそのまま打ち込んだりもしています。しかし、シーズン中はほとんど毎日ゲームが続くので、試合後はエクササイズなどで各部位を正しいポジションに整えることに注力。翌日に体のバランスができるだけフラットに近い状態でプレーできるように準備をしています。そして試合前の練習を経て、その日の体の状態を踏まえて打席に臨んでいくという感じです。

　体の状態で特に気を付けているのは、やはり先述した股関節や肋骨の位置ですね。だから股関節まわりや胸郭まわりの動きを良くするメニューはマストで毎日行っていますし、「体幹と股関節」や「体幹の筋肉とお尻の筋肉」など連動する部分もたくさんあるので、動きをつなげるためのトレーニングもしっかり積んでいます。じゃあ正直、それによって技術的な違いがあるのかと言うと、体感としては分かりません。ただ、柔らかくして連動する状態を作っておいたほうが良いのは間違いないですし、股関節や胸郭がしっかり動くことで、全身を使ってボールの内側に入り込んでいきやすいイメージがあります。

　なお、これはあくまでも僕なりの調整法であって、他のやり方が

ダメだとは決して思いません。プロ選手の中にも当然、試合後に練習をすることで体の使い方を確認しながら感覚をつかんでいくというタイプはいますし、試合数が限られているアマチュア選手にとっては、試合後の練習によって課題を克服していくのもむしろ必要なことだと思います。

　僕は今年で36歳を迎えます。すでにベテランと言われる年齢にもなっていますし、常に練習量とコンディショニングのバランスは考えていますね。オフ期間の自主トレやキャンプなどでも「しっかり振って量をこなしたい」という日はバットをたくさん振りますが、「トレーニングに時間を掛けたい」という日はバッティング練習を早めに切り上げる。ここ数年は特に自分の体としっかり向き合うようになり、そこのさじ加減はすごく意識しています。そして、ウォーミングアップやクールダウンにもかなり時間を掛けるようになりました。たとえばシーズン中のウォーミングアップで言うと、ホームゲームのナイター（東京ドームで18時試合開始）の場合、試合前の全体練習が始まるのは14時過ぎなのですが、僕はそこに合わせて11〜12時あたりからケアやトレーニングを始めます。他の選手と比べてメニュー数も多く、トータルで２時間くらい掛けて準備をして、そこから全体練習に入っていく感じです。またクールダウンのほうは、試合直後のケアや帰宅後のエクササイズなども含めてトータル１時間くらい。若手の頃はあまり時間を掛けなくても翌日には動けていたのですが、やはり今は「この部分が疲れやすい」とかではなく全体的に張りが出るので、しっかりと回復を促すようにしています。

　あるいはウエイトトレーニングなども、以前とは意識が変わって

CHAPTER. 4 ▶ 準備と練習の意識

きました。昔はできるだけ重いものをガンガン上げたりしてパワーをつけることが多かったのですが、今はオモリを持って体に負荷を掛けながらスピードを出していくほうが多い。年齢を重ねていくとやはり瞬発系の部分が弱くなってくるので、ジャンプ系のトレーニングなどもよくやっていますね。守備面では今年からサードがメインになり、ショートのときとは明らかに動きが少ないので負担は減るのですが、だからと言ってケガをしないわけではないし、体の状態が常に良いとは限らない。「できるだけ良いコンディションでグラウンドに立ちたい」という想いが強いので、自分の体との向き合い方については毎日メチャクチャ意識しています。

技術ポイントを確認できる4つの練習は毎日のルーティーン 日々の変化を恐れず"今の自分"に合う感覚を選択していく

　練習の進め方についても話をしましょう。僕の場合はまず、年間を通してティー打撃形式の4つの練習（P112～119）はルーティーンにして、毎日欠かさずやるようにしています。肩のラインをキープすることだったり、ボールの内側にバットを入れていくことだったりと、僕が重視している技術的な要素はその4つによってしっかりと確認できます。それをやった上で、打撃投手やピッチングマシンのボールを打ち込んでいくという流れが基本です。

　あとは時期やその日の体の状態などによって、同じティー形式でも違うパターンのメニューを少し入れたりしています。たとえば「体を大きく使いたい」と思えば、ロングティーで強く遠くへ飛ばしていく。ペースとしては「ほぼ毎日」と言えるくらい、4つの練習の後によくやっていますね。また「体が前に突っ込んでいるな」

BATTING BIBLE

とか「軸脚が投手方向に流れるな」と思っているときは、ボールを真後ろ（捕手側）からトスしてもらいます。そして頭や軸脚のポジションを意識しながら、ボールを追いかけず、右側にしっかりと体重を乗せた状態で打っていくわけです。あるいは、上半身の使い方だけを練習することもあります。この場合はP112〜113とほぼ同じ形式。ボールを真横からトスしてもらい、肩口から45度くらいの角度でバットを落とすように出すことを意識しながら、ボールの内側に入れてレベル（水平）に振っていきます。下半身を固定し、体を横向きにしたままキレイなライナーを打つイメージなので、左肩が開くことはなく、右ヒジも自然と体の前にグッと入ります。と、練習方法としてはこれくらいのもので、あとはバッティングを積み重ねていく中で「今日はボールをなかなか捕まえられずに擦っているから、あえてヘッドを少しグッと返していこう」とか、逆に「ボールの捕まりが良すぎて引っ掛かっているから、投手方向にヘッドをグーッと向けて押し出していこう」とか、その日の状態によって意識を変えていく。それによっていろいろな打ち方ができるように、体の反応を常に磨いている感じですね。

　そもそも、僕はボールを打つ「イメージ」の部分については引き出しをたくさん持つようにしていますが、練習方法に関してはあまりバリエーションを多くしているわけではありません。もちろん、いろいろなことに取り組む姿勢を持つのは良いことだと思います。ただ、バッティング練習というのは種類がそんなにたくさんあるものでもないですし、仮に「あれも、これも」とやったところで、じゃあ試合前にも毎回それが全部できるのかと言うと、なかなか難しいでしょう。大事なのは、本数は少なくてもいいから毎日継続して

CHAPTER. 4 ▶ 準備と練習の意識

　いくこと。常に同じことをずっと続けているからこそ、いつもの感覚と比べることでその日の体の状態を把握できるし、「今日はこの部分がこうなっているな」と、ちょっとした変化にも気付くことができるのです。だから、僕は「試合の日でも常に継続できる練習」を重視していますね。

　さて、1つのシーズンを終えるとまた次のシーズンへ向けた準備に入っていくわけですが、だからと言って「その年に出た反省をもとに……」という意識はありません。結局、シーズンによって体も変われば感覚も変わりますし、もっと言えば毎日少しずつ変化していきます。自分の中で「今年はこうしていこう」とテーマを決めたところで、やはりシーズンが始まればその日その日で違う感覚が出てくるもので、実際に最初のイメージ通りにできることはほとんどない。感覚的に何かつかんだものがあったとしても、それが1週間、2週間…、1か月、2か月…と時間が経っていくと「あれ？ 良かったときと同じ感覚で打っているのに上手く打てないなぁ」となったりするのです。バッティングの技術というのはそれくらい複雑なものなので、「1年を通してこういうふうに打ちたい」などと思ったことは一度もないですね。常にその日その日で良くなることを考え、体の状態や感覚を踏まえて「今はこうやっていったほうがいいな」というものを選択し、悪くなったらその都度、修正をしていく。そういう小さいことの積み重ねが大事だと思っています。

　したがってシーズンの最初と最後を比べてみると、バッティングの感覚も意識もまったく違うものになっています。たとえば2023年の場合、一番大きく変化したのはすり足でタイミングを取ることが多くなったこと。もともと全体の8～9割は脚を上げて打ってい

「常にその日その日で良くなることを考え、体の状態や感覚を踏まえて『今はこうやったほうがいい』というものを選択。そういう小さいことの積み重ねが大事」

CHAPTER. 4 ▶ 準備と練習の意識

たのですが、軸脚にしっかり乗ることを求めていく中で、シーズン途中からは逆に脚を上げずに打つことが8〜9割と、ガラッと変わっていきました。もちろん、いろいろとやってみた上で「やっぱり元の感覚のほうが良いな」と思えば、以前のスタイルに戻すこともあります。また、新しい感覚を呼び起こすために昔やっていたことをもう一度引っ張り出してくることもたまにあり、そこで「あのときはこういうふうにやっていたから頭の位置が動かなかったんだな」と気付いたりもします。ただし、昔のものに戻して成功するケースというのは非常に少ないですし、僕は基本的に「過去に戻る」ということはしたくありません。ですから、やはり「その日の自分」と向き合うことは大前提に考えています。

一般的な感覚としては「○○年のときのバッティングが良かった

2023年シーズンは試行錯誤の中で、「脚を上げるスタイル」から「すり足で打つスタイル」へとフォームの傾向が大きく変化。常に自分の感覚と向き合いながら、アップデートを重ねることを心掛けている

BATTING BIBLE

から、そのときのフォームを意識してみると良いんじゃないか」などと思われるかもしれませんが、その当時と今ではまず体が絶対に違うので、基本的には上手くいかないものです。そもそも当時の感覚のままで何年もずっと上手くいくのであれば、みんな絶対に続けているはず。しかし実際には少しずつ感覚がズレていき、また別のところに意識が行ったりもするわけで、その時々で打ち方は変わっていくのです。だからこそ常にアップデートをすることが必要で、僕の中では、過去のイメージに縛られるのは一番良くないこと。日々変化することを恐れず、「今の自分にとっては何をするのがベストか」と考えることが重要だと思います。そうやって変化を続けながら、結果的に過去と同じ形にまた戻ってきたというのであれば、１周回ってきた分だけバッティングにも深さが出てくると思います。

　そしてやはり、練習のときから自分の体の変化や感覚のズレに対して敏感になることが大切です。１球ずつ、自分で「今のバッティングはこうなっていた」と客観的に感じられるようになっておけば、試合の打席の中でもちょっとした違いにすぐ気付いて修正できます。変な打球が飛ぶということは、体の状態や使い方の部分に必ず原因があります。「今は頭が突っ込んでいたな」「今のタイミングはこういう感じだったな」「こういうファウルを打ったということは体の使い方がこうなっているな」「この動きができていたから良い打球が飛んでいったんだな」……。そうやって理解できている人は結果も安定しやすくなると思いますし、普段から１球ずつそういう姿勢を継続していくことが、バッティングが良くなるポイントなのかなと思っています。

CHAPTER. 4　　▶ 準備と練習の意識

バッティングの技術練習❶　真横からトスされたボールを打つ

ボールを真横から体の正面に向かってトスしてもらい、左足のつま先を地面に着けながらカカトを浮かせた状態で打っていく。そうすることで、右脚にしっかりと体重を乗せて打つことができる。意識としては右ヒザを動かさないこと。また、試合でバランスよく打つためには

左足・左腰・左肩を開かないことが大切。カカトの踏み込みが早いと体も一緒に前へ出てしまうが、つま先で押さえながらバットを出す感覚を身に付けていけば体の開きを抑えられる。やりにくい場合は左足のカカトでボールを踏んで打つのも有効だ。

CHAPTER. 4 ▶ 準備と練習の意識

バッティングの技術練習❷ 背中側からトスされた外角球を打つ

ボールをやや背中側（投手方向よりも少し左寄り）からアウトコースに目掛けてトスしてもらい、真っすぐステップしながら右方向へ打っていく。意識としてはやはり右脚に体重をしっかりと残した状態でスイングし、ボ

ールの内側を捉えていくこと。正面に打ち返してしまうと投げ手にボールが当たって非常に危険なので、常に右方向を強く意識し、そちらへバットを押し込んでいくことが大切だ。これで外角球に対する体の反応を磨いていく。

CHAPTER. 4 ▶ 準備と練習の意識

バッティングの技術練習❸ 斜め前からトスされた内角球を打つ

ボールを斜め前からインコースに目掛けてトスしてもらい、投げ手のほうへ向かってクロスステップをしていきながら、左方向へ引っ張るのではなく左中間方向へ打っていく。右側に溜めた力をボールにしっかりとぶつけていくことが大事だが、ボールの外側を打つと引っ掛けて

BATTING BIBLE

しまうので、全身で内側に入り込んでいくこと。時計の針で言えば「7時」の位置を意識してバットを入れ、ヘッドを返さずにバットの面を長く押し出していくイメージ。これで内角球に対する体の反応を磨いていく。

CHAPTER. 4 ▶ 準備と練習の意識

バッティングの技術練習❹ スローボールを打つ

斜め前からフワッとした山なりのスローボールをトスしてもらい、間合いを取りながら強く打っていく。これもしっかりと右脚に体重を乗せた状態で振っていき、ボールの内側に入り込んで「7時」の位置を打っていくイ

BATTING BIBLE

　メージが大事。体勢を崩されて泳がされたとしても、何とか粘ってボールの下にバットを入れられれば、体の前で上手く拾ってヒットにすることができる。これで緩いボールに対する体の反応を磨いていく。

CHAPTER. 4 ▶ 準備と練習の意識

持ち味のスイングの長さを理解しつつ、前提は「強く振る」
常に試合を想定し、普段の練習から同じ形状のバットを使う

　フリー打撃などで意識しているのは前にも言ったように、センターを中心にして45度（右中間から左中間まで）くらいの角度の範囲内で打球を飛ばしていくこと。そして体の部分については、やはり頭の位置です。僕の場合、悪いときは打つ瞬間に頭が左側へ動いてしまいやすいので、いかに右側へ残せるか。そのためにも軸脚をしっかりと固定して右側に軸を作り、できるだけ後ろから打っていくというイメージは常に抱いています。また本来は「コマのように回る」というスイングが理想で、吉田正尚選手（レッドソックス）のように一気にバーンと回ることができれば頭がブレず、トップの位置も安定させた状態で打つことができます。それはなかなか真似できないのですが、どんなスイングであってもボールに負けないように「強く振る」という意識はありますね。

　それと、僕はヘッドスピードがあまり速いほうではないのですが、バットの振り出しからフォロースルーまでのスピードがあまり変わらず、スイング全体が一定の速度で進んでいくという特徴があります。データ分析の専門家の方によると「ヘッドスピードの数値は平均的だけど、他の人よりもスイングのラインが長い」とのことでした。たしかに、先述のように「後ろを少し振って前も大きく振る」という感覚はありますし、「バットをボールの間合いに入れたらそのまま長く引っ付いている」というイメージもあります。逆に「インパクトでスイングスピードを最大にする」とか「ピュッとヘッドを返して走らせる」という使い方をしないため、スピードその

ものは速くならないわけで、ロングティーなどもあまり遠くへ飛ぶ
ほうではありません。ですから投球を打つ場合は、ボールを捉えた
ときのスイング幅の長さによって飛距離が出せているのかなと思い
ますね。ホームランが出たときなどを振り返っても、もちろんバッ
トとボールが実際に当たっている時間はほんの一瞬なのですが、ボ
ールの軌道とバットの軌道がキレイに合っていて、良い捉え方がで
きていると思います。

　ただし、バットを柔らかくしならせて打つというようなイメージ
は一切ありません。良い感覚で打ったとき、結果として自然とそう
なっているように見えているだけで、僕の中ではあくまでも「強く
振る」というのが前提です。また、スイングスピードは遅いよりも
速いほうが良いのは絶対に間違いないので、素振りなどでスイング
をより強く速くするという取り組みも必要なことだと思います。そ
の場合、何も考えずにとにかくブンブン振るのではなく、１球ずつ
ボールを捉えるイメージを持ちながらバチッ、バチッとしっかり振
っていくことが大事。その積み重ねによって、再現性も高まってい
くのだと思っています。

　ちなみに素振りのときに僕が心掛けているのは、体の中でスイン
グするということです。前のほう（投手寄り）を振ろうとしている
と、どうしても構えたところからバットがパッと直線的に出ていき
やすい。自分のスイング軌道を考えると、少し後ろから振って体の
中でボールを捉えるくらいのイメージがちょうど良いですね。した
がって、基本的にはまず投手方向を見ておいて、ボールが向かって
くる軌道に目線を合わせながらスイング。そしてボールを捉えた
ところからバットが前に出ていき、顔がしっかり残るような感覚で

CHAPTER. 4 ▶ 準備と練習の意識

す。ただもちろん、インパクトの位置を見ながら振りたいという人もいますし、素振りのイメージは人それぞれで良いと思っています。また素振りでの意識付けという意味では、たとえば体の近くを振ることをイメージし、ネクストバッターズサークルでゴルフに近いようなアッパースイングなどをすることもあります。

　僕は普段の練習などでも、基本的には試合で使うものと同じ形状のバットを使いたいタイプ。だから素振りのときにバッティングは着けないですし、マスコットバットを振ったりもしません。たまに気分転換で使うことはあったとしても、そもそも「ヘッドの重さを感じて打つ」とか「ヘッドを走らせる」というイメージを持っていないので、僕にとってはあまりメリットを感じていないのです。練習用のバットは分かりやすいように色を変えていますが、形状は試合用とまったく同じですね。唯一の例外としては、速いスイングを体に覚えさせてキレを出すために軽いバットを振ることはあります。ただ、それでも長さや形状は通常の試合用バットと同じ。昔は１キロの重いバットや長尺バット、軽いノックバットなどを振ることもありましたが、それよりも「できるだけ試合用バットを扱えるように練習したい」という想いが強いので、今はやらないですね。また、素振りやティー打撃などを片手ずつ行う人もいますが、僕はこれもほとんどやりません。もちろん片手ずつ動きを身に付けることでより再現性が高まるでしょうし、意味のある練習だとは思います。でも結局、試合では両手で打つわけで、僕は基本的には両手で振りたい。そういう考え方で練習を積み重ねています。

BATTING BIBLE

素振り（内角高め）

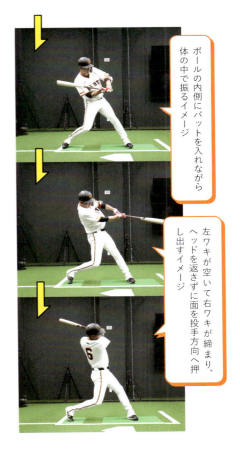

右側の軸をしっかりと意識しながら投手方向を見ておく

ボールの軌道に目線を合わせながらステップして打ちに行く

ボールの内側にバットを入れながら体の中で振るイメージ

左ワキが空いて右ワキが締まり、ヘッドを返さずに面を投手方向へ押し出すイメージ

ボールを捉えるイメージ

CHAPTER.4 ▶ 準備と練習の意識

素振り（内角低め）

右側の軸をしっかりと意識しながら投手方向を見ておく

ボールの軌道に目線を合わせながらステップして打ちに行く

ボールの内側にバットを入れながら体の中で振るイメージ

バットがややアッパー気味に体の近くを通り、ボールの下側を捉えて面を投手方向へ押し出すイメージ

ボールを捉えるイメージ

BATTING BIBLE

素振り（外角高め）

右側の軸をしっかりと意識しながら投手方向を見ておく

ボールの軌道に目線を合わせながらステップして打ちに行く

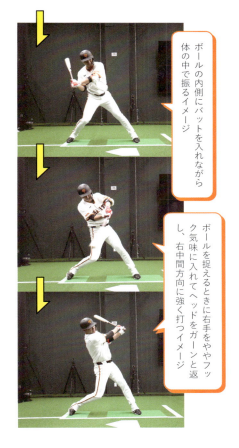

ボールの内側にバットを入れながら体の中で振るイメージ

ボールを捉えるときに右手をややフック気味に入れてヘッドをガーンと返し、右中間方向に強く打つイメージ

ボールを捉えるイメージ

CHAPTER. 4 ▶ 準備と練習の意識

素振り(外角低め)

- 右側の軸をしっかりと意識しながら投手方向を見ておく
- ボールの軌道に目線を合わせながらステップして打ちに行く

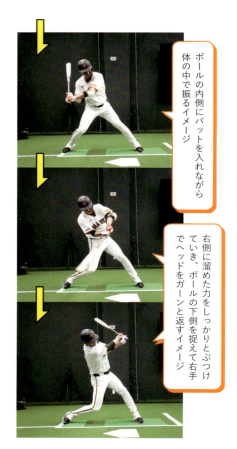

- ボールの内側にバットを入れながら体の中で振るイメージ
- 右側に溜めた力をしっかりとぶつけていき、ボールの下側を捉えて右手でヘッドをガーンと返すイメージ

ボールを捉えるイメージ

BATTING BIBLE

たった1本で大きく状況が変わるのがバッティングの魅力
目の前の1球に対する「ヒット1本」がモチベーション

　ここまでバッティングの考え方や技術についていろいろと話してきましたが、そうやって日々追求してもすべての場面でヒットを打つことはできないわけで、僕は年数を重ねるにつれて、改めて「バッティングは難しいな」と感じています。ただ逆に言うと、たとえば３打席連続で凡退していても、一打サヨナラの場面で４打席目が回ってきて、そこで打てば一気に状況が変わってその日のヒーローになれる。これがバッティングの魅力だと思いますね。

　そして１本打つのがすごく難しいだけに、たとえ変な形のヒットでもスコアボードに「H（安打）」のランプが点くと嬉しいですし、それは公式戦であっても練習試合であっても紅白戦であってもまったく同じ。プロの世界で何本ヒットを積み重ねていようと、僕は未だに「次のヒット１本を打ちたい」と思っています。この気持ちは野球を始めた小学生のときからずっと変わっていません。守備の場合だと、プロではもうボールを捕って投げてアウトにするということが当たり前のレベルになっているので、昔とはもちろん感覚が違います。しかしバッティングに関しては、子どもの頃に打っていたヒットも１本ずつが嬉しかったし、プロになってもやはり１本ずつに嬉しさを感じていますね。

　だからこそ、僕がとにかくこだわっているのは、目の前の打席で「次の１球をどうやってヒットにするか」という部分。したがって、数字などの目標設定は特にしていません。そもそも打者は打率やホームラン、打点などがよく注目されたりしますが、たとえば打率が

CHAPTER. 4 ▶ 準備と練習の意識

どれだけヒットを積み重ねても正解がないのがバッティング。だからこそ、目の前の打席で「次の1球をどうやってヒットにするか」にこだわり、技術を日々追求していく

3割だとしても出塁率が低い人もいれば、2割7分だけど出塁率が高い人もいる。また打点にしても、一番打者と四番打者ではチャンスで回ってくる機会が違うわけで、成績に差が出るのは当たり前。だから僕は何とも思わないですし、数字に対してモチベーションを持ってはいないですね。

　話を戻しますが、バッティングの魅力ということでは、純粋にボ

BATTING BIBLE

ールを打つこと自体が楽しいものでもあります。僕も小学生のとき
は昆陽里タイガース（軟式）でチームメイトだった田中将大（現・
楽天）らとよく夢中になってホームラン競争をしていましたし、基
本的に「バッティング=楽しい」というのは、野球をやっている人
はみんな本能的に認識しているのかなと思います。

　僕はその後、中学時代は伊丹シニア（硬式）でプレーし、光星学
院高（現・八戸学院光星高）から2006年のドラフト（高校生1巡
目）で巨人へ入団しました。その間、ボール（軟式→硬式）やバッ
ト（金属製→木製）の変化にはわりと苦労せずに対応できたのです
が、やはりカテゴリーが変わると投手のレベルも大きく変わり、バ
ッティングはより難しくなります。特にプロの世界では一気にレベ
ルが上がるので、「何とかしっかり対応しなきゃいけない」という
想いでここまでやってきました。さらに言うと、今は投手のスピー
ドも全体的に速い時代。球種もどんどん増えていますし、10回の
うち3回成功するのもすごく難しくなっています。ただ、簡単には
打たせてもらえないからこそ、こちらは「どうやったら打てるのか
な」と常に考え続けていなければならない。そこに挑み続けていく
のは打者の使命だと思うので、これからもずっとバッティングを追
求していくつもりです。

坂本勇人
NPB節目の軌跡

06年12月。同期の新入団選手15人とともに都内ホテルで入団会見を行った（写真前列右端）

2006

プロ1年目のシーズンは大半をファームで過ごし、主に三番・遊撃で77試合に出場し、打率.268、5本塁打、28打点でイースタン・リーグ優勝に貢献した

2007

07年7月12日の阪神戦で12回裏に代走でプロデビュー。2球目にプロ初盗塁を記録し、初得点もマーク

2008

08年にレギュラーとして全試合スタメン出場。オールスターでは遊撃手部門でファン投票1位となり初出場。第2戦の8回にオリックス・小松聖から右前へオールスター初安打を放った

2009

09年は初の打率3割をマークし、初めてベストナインを受賞した

2012

12年はDeNAとの最終戦で7回、左手をいっぱいに伸ばして外角直球を右前へ運ぶ技アリの一打で同僚・長野久義の173安打に並び、最多安打のタイトルを手中に収めた

2016

16年にはセ・リーグの遊撃手としては初となる首位打者に輝く。同年は最高出塁率のタイトルも獲得。さらに初のゴールデングラブ賞も受賞した

2019

19年はキャリアハイの40本塁打、94打点の活躍で、セ・リーグMVPにも輝く

2020

2000安打達成

20年11月8日のヤクルト戦(東京ドーム)で通算2000安打を達成した。31歳10カ月での達成は史上2番目の年少記録。1回裏、二死走者なしで迎えた第1打席で左翼横に二塁打。通算2000安打とし、記念のボードを掲げる(写真上)。試合後の記者会見ではチームメートから祝福を受けた(写真下)

2023

23年5月31日の千葉ロッテ戦で史上初となる遊撃での通算2000試合出場を達成。07年9月2日の横浜(現DeNA)戦で八番・遊撃として初出場してから通算2031試合目での到達となった

24年5月22日の中日戦で3回、左翼線に二塁打を放ちプロ野球史上2人目の通算450二塁打を達成した

2024

■坂本勇人 NPB打撃成績 （2023年レギュラーシーズン終了時）

年度	試合	打席	打数	得点	安打	二塁打	三塁打	本塁打	打点	盗塁	犠打	犠飛	四球	敬遠	死球	三振	打率	出塁率	長打率	OPS
2007	4	3	3	1	1	0	0	0	2	1	0	0	0	0	0	0	.333	.333	.333	.667
2008	**144**	567	521	59	134	24	1	8	43	10	15	1	28		3	98	.257	.297	.353	.650
2009	141	640	581	**87**	178	33	6	18	59	5	7	4	44	3	3	101	.306	.371	.466	.823
2010	**144**	**676**	609	**107**	171	35	4	31	59	8	10	7	47	2	3	83	.281	.332	.504	.836
2011	**144**	624	568	69	149	27	2	16	59	8	10	3	37	**8**	6	91	.262	.313	.401	.714
2012	**144**	619	557	**87**	**173**	**35**	2	14	69	16	12	5	39	1	6	90	.311	.359	.456	.815
2013	**144**	620	554	73	147	33	1	12	54	3	3	5	55	1	6	87	.265	.334	.394	.728
2014	**144**	616	545	82	152	30	1	16	54	4	2	1	65	1	3	88	.279	.344	.420	.765
2015	130	558	479	50	129	21	3	12	46	5	6	1	65	1	6	79	.269	.353	.401	.754
2016	137	576	488	96	168	28	3	23	75	13	1	6	81	2		67	**.344**	**.433**	.555	.988
2017	142	614	539	82	157	30	0	15	54	14	1	6	68	2	3	85	.291	.372	.430	.802
2018	109	502	441	72	152	27	2	18	67	9	0		61	**10**		85	.345	.424	.537	.962
2019	143	639	555	103	173	26	0	40	94	5	1	6	62	6		123	.312	.396	**.575**	.971
2020	115	479	412	64	119	28	1	19	65	4	1	6	62	1		85	.289	.379	.500	.879
2021	117	487	424	53	116	28	1	12	46	2	2	2	58	2	1	90	.271	.359	.467	.826
2022	83	352	304	35	87	14	0	3	22	2	2	2	45	6	1	65	.286	.378	.382	.759
2023	116	455	403	46	116	30	0	22	62	2	2	2	46	2		84	.288	.361	.524	.884
通算	2101	9027	7983	1181	2321	445	22	288	1004	162	87	54	867	60	36	1399	.291	.361	.460	.821

※各年度の太字はリーグ最高

坂 本 勇 人

さかもと・はやと●1988年12月14日生まれ。兵庫県出身。身長186cm体重86kg。右投右打。昆陽里小学校時代は昆陽里タイガースに所属し、捕手の田中将大（現東北楽天）とバッテリーを組んでいた。松崎中学校時代は伊丹シニアに所属。八戸学院光星高校に進学すると3年春のセンバツに出場。2007年高校生ドラフト1位で巨人に入団。08年は全試合にスタメン出場を果たし、セ・リーグ連覇に貢献した。09年はリーグ3連覇を達成した後、日本シリーズを制し日本一。10年からは5年連続で全試合に出場し、12年は173安打で最多安打のタイトルを獲得した。14年5月20日の西武戦で通算1000安打を達成。16年は打率.344でセ・リーグ史上初となる遊撃手として首位打者のタイトルを獲得。最高出塁率も受賞した。17年は通算1500安打に到達。18年はキャリアハイの打率.345をマークした。19年は開幕から36試合連続出塁のリーグ新記録を打ち立てると、キャリアハイの40本塁打・94打点もマークし、セ・リーグMVPに輝く。20年は右打者として史上最年少で通算2000安打を達成。23年には5月31日ロッテ戦でNPB史上初となる遊撃手として2000試合出場を達成。24年は5月14日DeNA戦で2352安打目を放ちNPB通算安打数歴代13位に浮上。同22日の中日戦で通算450二塁打を放ち、NPB歴代2位となった。日本代表でもワールド・ベースボール・クラシック（13、17年）、プレミア12（15、19年）に出場しており、21年の東京五輪金メダル獲得にも貢献している。主な表彰は19年シーズンMVP、ベストナイン7回（09、12、16、18〜21年）、ゴールデングラブ賞5回（16、17、19〜21年）。オールスターゲームには12回出場（08〜14、16〜19、21年）と、球史に名を刻む名選手として活躍中。（2024年7月31日現在）

【タイトル】
首位打者：1回（16年）
最高出塁率：1回（16年）
最多安打：1回（12年）

【表彰】
セ・リーグMVP：1回（19年）
ベストナイン：7回（遊撃手部門：09、12、16、18〜21年）
ゴールデングラブ賞：5回（遊撃手部門：16、17、19〜21年）
セ・リーグ連盟特別表彰：2回（新人特別賞：08年、リーグ特別賞：21年）
月間MVP：2回（野手部門：2018年3・4月、2019年3・4月）

坂本勇人の
バッティングバイブル

2024年9月10日　第1版第1刷発行
2024年9月30日　第1版第2刷発行

著者　　坂本勇人
発行人　池田哲雄
発行所　株式会社ベースボール・マガジン社

〒103-8482
東京都中央区日本橋浜町2-61-9　TIE浜町ビル
電話　　　03-5643-3930（販売部）
　　　　　03-5643-3885（出版部）
振替口座　00180-6-46620
https://www.bbm-japan.com/

印刷・製本　大日本印刷株式会社
©Hayato Sakamoto 2024

Printed in Japan
ISBN 978-4-583-11704-1　C2075

＊定価はカバーに表示してあります。
＊本書の文章、写真、図版の無断転載を禁じます。
＊本書を無断で複製する行為（コピー、スキャン、デジタルデータ化
など）は、私的使用のための複製など著作権法上の限られた例外を除
き、禁じられています。業務上使用する目的で上記行為を行うことは、
使用範囲が内部に限られる場合であっても私的使用には該当せず、違
法です。また、私的使用に該当する場合であっても、代行業者等の第
三者に依頼して上記行為を行うことは違法となります。
＊落丁・乱丁が万一ございましたら、お取り替えいたします。